나를 변화시키는 좋은 습관

# 나를 변화시키는 좋은 습관

글 | 한창욱

(주) 새론북스

# 성공은 어디에 있는가?

두 친구가 있다.

A는 부유한 집안에서 태어났고, B는 가난한 집안에서 태어났다. 그들은 중학교 때 만나 같은 고등학교를 다녔고, 같은 대학에서 경영학을 전공했다.

고등학교를 졸업하고 20년이 흐른 뒤 동창회에서 그들은 다시 만났다. A는 성공한 사업가가 되어 있었고, B는 처음 입사했던 회사에서 정리 해고되어 새로운 일자리를 찾고 있었다.

술이 어지간히 오르자 B가 말했다.

"만약 내 아버지가 부자였더라면 나도 일찌감치 독립해서 사업을 했을 거야. 그랬더라면 지금쯤은 보아란 듯이 살고 있겠지."

정말로 그랬을까?

나는 B의 말을 듣는 순간, 머리를 저었다. 그는 성공에 대한 개념조차도 잘 모르고 있었다. A가 성공할 수 있었던 것은 아버지가 부자여서가 아니었다. A는 자신이 성공한 가장 큰 이유를 이렇게 설명했다.

"아버지는 나에게 돈을 빌려주지 않았어. 하지만 나는 아버지로부터 성공하는 사람이 갖춰야 할 마음가짐과 태도를 배울 수 있었지."

필자는 기자, 프리랜서로 활동하면서 각계 각층에서 성공한 사람들을 접할 수 있었다. 처음에는 특별한 재능 때문에 그들이 성공한 것이겠거니 했는데 자주 접하다보니 그들에게는 공통점이 있었다. 그들은 나름대로 성공할 수밖에 없는 특별한 무언가를 지니고 있다는 말이다.

나는 '성공하는 사람이 지닌 특별한 것'이 무엇일까 궁금해했고, 그 궁금증이 책을 펴내게 하는 계기가 되었다.

자, 그럼 이제 한 가지 물어보겠다.

당신은 성공하고 싶은가?

그렇다면 당신이 찾는 성공은 어디에 있을까?

적절한 대답을 찾기 위해서 주변을 두리번거려도 소용없다. 성공한 사람은 찾을 수 있을지언정 성공을 찾을 수는 없을 테니까.

당신이 찾는 성공은 당신의 내면 속에 있다. 지상의 생명 있는 것들은 모두 한 톨의 씨앗에서부터 발아한다. 성공도 마찬가지다.

성공하고 싶다면 일단 '성공하겠다'는 절박한 마음을 가져라. 그 마음이 씨앗처럼 단단해지면 마음속 깊숙한 곳에 묻어두어라.

바람과 비, 햇볕 등이 식물을 키우듯 이 책 속의 글들을 하나씩 실천해나가다 보면 당신은 어느 날 문득, 성공한 사람의 대열에 끼어 있는 자신을 발견하게 될 것이다.

## 제5장 | 성공을 위한 충고

# 나를 변화시키는 좋은 습관

제1장
# 성공을 위한 기본 조건

## 생각을 바꾸면 세상이 바뀐다

**생각은 행동의 기본 단계이다.** 구체적인 행위로 표현되기 전에 반드시 요구되는 것이 생각이다.

당신은 어떤 생각을 하며 지금까지 살아왔는가?

성공한 사람은 주변에 수없이 많다. 당신 역시 성공한 사람을 부러워했으리라.

연봉이 몇십 억에 이르는 스포츠 스타, 20초 광고에 출연하는 대가로 몇 억씩 받는 탤런트, 회사가 코스닥에 상장되어 재벌이 된 젊은 벤처기업가 등은 선망의 대상이 되기에 부족함이 없다.

만약 당신이 좀더 현실적인 사람이라면 성공한 변호사, 장사로 수십억을 거머쥔 사업가, 연봉 일 억이 넘는 직장인을 질투와 부러움 섞인 눈으로 바라보았으리라. 어쩌면 당신은 그들의 이야기를 듣는 순간, 성공하고 싶다는 생각을 잠깐 했을지도 모른다. 그리고는 이내 일상 속으로 돌아갔으리라.

많은 이들이 평생을 그렇게 살다가 죽는다. 부러움과 자조 섞인 한숨을 내쉬는 사이에 수많은 기회는 모래알처럼 당신의 손아귀를 소리 없이 빠져나간다. 극소수는 부러움과 자조 섞인 한숨 대신에 '그들이 해냈다면 나도 할 수 있다!'는 생각을 한다. 성공의 씨앗을 가슴에 품고 구체적인 행동에 들어간다. 학원에 등록하거나 독립하여 장사를 하기 위한 종자돈을 마련하기 시작한다.

물론 그 중에서 성공하는 사람은 많지 않다. 재능은 있지만 자신의 재능을 너무 믿은 나머지 노력을 게을리하여 실패하기도 하고, 성공하는 방법이나 요령을 몰라서 쓴잔을 마시기도 한다.

그러나 최선을 다했다면 실패를 두려워할 필요는 없다. 실패는 성공의 뒷면이다. 그 뒷면에 성공이 있다는 사실을 기억할수록, 실패의 참담함을 맛본 사람일수록 성공할 가능성이 점점 높아진다.

한 분야의 전문가로 인정받는, 성공한 사람에게 성공 스토리를 듣다 보면 반드시 어느 한순간이 나온다. 성공해야겠다고 마음먹는 바로 그 순간이다.

좋아하던 여자에게 청혼했다가 퇴짜를 맞았을 때, 아이의 수술비가 없어 사방팔방을 헤매고 다닐 때, 아내의 기운 속옷을 봤을 때, 중학교에 다니다 중퇴한 동창이 자가용을 몰고 나타났을 때 등등……. 동기도 다양하다.

그러나 한 가지 분명한 점은 그 순간이 있었기 때문에 그들이 성공할 수 있었다는 것이다.

일찍이 로마의 16대 황제이자 『명상록』의 저자인 마르쿠스 아우렐리우스가 말하지 않았던가, 시작이 반이라고.

**지금 당장 성공의 씨앗을 가슴에 품어라.** 그러면 당신은 이미 반은 성공한 것이다.

# 상상만 하는 사람, 상상을 현실화하는 사람

몽상가는 어느 시대나 존재하게 마련이다. 그들은 그 시대의 윤활유 역할을 하기도 한다. 그러나 문제는 수많은 사람이 똑같은 꿈을 꾼다는 데 있다.

로또복권이 시중에 판매된 후로 버스나 지하철에서는 눈빛이 몽롱한 사람을 흔히 접할 수 있다. 복권에 당첨되었다는 가정 하에서 돈을 펑펑 쓰는 꿈을 꾸는 것일까.

꿈에는 두 가지가 있다. 허황한 꿈과 현실 가능한 꿈.

전자는 수많은 사람이 꾸지만 뜬구름 같아서, 꿈을 이루었다는 소문만 무성할 뿐, 주변을 둘러봐도 꿈을 이룬 사람은 찾아볼 수 없다. 후자는 레고로 쌓은 성 같아서 게으른 사람은 평생을 발버둥쳐도 이룰 수 없다.

그런데 한 가지 놀라운 사실은 성공하는 사람은 허황한 꿈을 꾸지 않는다는 것이다. 성공은 열정의 집합체이다. 그들은 비록 미세한 기운일지라도 자신의 열정이 엉뚱한 곳에 사용되는 것을 원하지 않는다.

허황한 꿈을 꾸는 사람들이 가장 많이 모여 있는 곳은 감옥이다. 남들이 평생을 바쳐 모은 것을 단숨에 이루려고 하다 보니 편법을 동원할 수밖에 없다.

교도관과 이야기를 나누다보면 죄수 중에 머리가 비상한 사람이 의외로 많음을 알게 된다. 만약 그들이 허황한 꿈을 꾸지 않고 현실적인 꿈을 꾸었더라면 쉽게 성공했을 텐데…….

반면 성공한 이들 중에는 머리가 좋지 않은 사람이 많다. 나는 사실 그런 사람을 더 존경한다. 좋지 않은 머리로 성공하려면 육신이 얼마나 고달팠겠는가. 경쟁자가 밤잠을 자는 시간에 날밤을 꼬박 샜음은 불을 보듯 자명하다.

상상만 하는 사람으로 한 번뿐인 인생을 허비할 것인가, 상상을 현실화하는 당당한 사람으로 살 것인가?

그 해답은 당신의 마음속에 있다.

마음은 무궁무진한 비밀 창고이다. 그 창고 속에 들어 있지 않은 것은 이 세상에 아무것도 없다. 그 속에서 대통령도 나왔고, 농구 황제도 나왔고, 세계적인 배우도 나왔고, 자신의 재산이 얼마인지조차 잘 모르는 재벌도 나왔다.

자동차도 나왔고, 비행기도 나왔고, 로봇도 나왔고, 컴퓨터도 나왔고, 인공위성도 나왔고, 핵무기도 나왔다.

당신은 훌륭한 창고를 지니고 있다. 그 창고 속에서 무엇을 끄집어 낼 것인가는 오로지 당신의 선택에 달려 있다.

## 003

# 신념에 동기를 부여하라 🍃

당신은 성공할 수 있는 자질이 있는가?

이제 당신은 성공이라는 회사에 입사하려는 수험생이다. 잠깐 시험을 쳐보자. 이것은 당신의 인생에서 대단히 중요한 시험이다. 아래 빈칸을 진지하게 채워주기 바란다. 단, 답은 연필로 적기 바란다.

1) 당신은 자신의 꿈을 이룰 가능성이 몇 퍼센트라고 예상합니까?(대답하기 전에 명심해야 할 것이 있다. 퍼센트가 높아질수록 당신이 허풍쟁이가 될 가능성 또한 높아진다는 것을.)

2) 성공하려는 까닭은 무엇입니까? 30자 이내로 적으시오.

3) 당신이 성공할 수밖에 없는 이유를 다섯 가지 적으시오.

4) 가장 혐오하는 사람을 떠올리시오. 당신은 성공하기 위해서 그 사람의 도움이 필요합니다. 그 사람을 찾아가서 도와달라고 무릎 꿇고 애원할 용기가 있습니까?

5) 십 년 넘게 공부했지만 당신의 영어 실력은 형편없습니다. 그러나 성공하기 위해서 영어 회화는 반드시 필요하지요. 당신은 일 년 안에 상당한 회화 실력을 갖출 자신이 있습니까?

6) 성공하는 데 있어서 운과 노력의 비율은 몇 퍼센트라고 봅니까?

7) 자, 이제 당신은 성공한 사람입니다. 당신이 성공하도록 음으로 양으로 도움을 준 사람을 다섯 명만 적으시오(단, 가족이나 친지는 제외할 것).

8) 만약 당신이 실패한다면 그 이유는 무엇일까요? 그 이유를 찾아 다섯 가지만 적으시오.

이제 시험은 끝났다.

가장 현명한 채점관은 내가 아닌 바로 당신이다. 당신이 적은 답에 대한 점수 또한 당신은 알 수 있다. 매월 말일에 자신의 점수를 매겨 보라. 점수는 매달 변하게 될 것이다.

신념은 성공으로 가는 훌륭한 가이드이다.

1)번 문제에 퍼센트를 높이 책정한 사람일수록 다음 문제들을 푸는 데 신중을 기했을 것이다.

이것이 바로 마음의 비밀이다. 성공하겠다고 굳게 마음먹으면 모든 기관이 힘을 합쳐 놀라운 에너지를 발산한다. 촘촘한 그물을 짜서 성공이 빠져나가지 못하도록 하는 것이다.

많은 이들이 다음과 같이 생각한다.

"열심히 살다보면 성공도 하고 그러겠지."

날아가는 새를 향해서 열심히 돌팔매질을 해보라. 새가 돌에 맞아 떨어지는가. 반드시 새를 잡아야겠다는 사람과 잡아도 그만이고 못 잡아도 그만이라고 생각하는 사람이 있다면 과연 누가 새를 잡겠는가?

성공하고 싶은가? 그렇다면 성공할 것이라는 신념을 가져라.

신념을 보다 확고히 하는 방법에는 여러 가지가 있다. 그 중 하나가 바로 동기 부여이다.

신념을 콘크리트라고 한다면 동기는 철근이다. 콘크리트로 지은 집은 무너질 수 있지만 철근 콘크리트로 지은 집은 절대 무너지지 않는다.

성공해야만 하는 이유!

지금 당장 그것을 찾아라.

## 004

# 일찍 시작하는 사람이 일찍 성공한다

세상에는 두 종류의 사람이 있다. 생각은 많은데 행동하지 않는 사람과 생각이 채 완성되기도 전에 행동하는 사람.

당신은 햄릿형인가, 돈키호테형인가?

물론 가장 좋은 건 절충형이다. 생각은 신중하게, 행동은 과감하게.

성공한 사람들 중에 단연 많은 건 절충형이다. 그 다음으로는 돈키호테형이고 햄릿형은 예술 계통이 아니면 찾아보기 힘들다.

일본 속담 중에 '꿈틀거려야 뱀이다' 라는 말이 있다. 맹독을 몸에 지니고 있더라도 움직이지 않으면 지푸라기와 다를 바 없다. 그와 마찬가지로 성공에 대한 완벽한 프로젝트를 지니고 있더라도 시작하지 않으면 성공할 수 없다.

인간이 던져주는 음식을 받아먹으며 우리 속에서 오랫동안 생활해 왔던 야생동물은 풀어주면 대부분 우리로 돌아오고 만다. 그래서 일정한 적응기간을 거친 뒤 밀림에 풀어준다.

인간도 이런 면에서 보면 야생동물과 흡사하다. 직장 생활을 했던 기간이 길면 길수록 변화를 두려워한다. 생존 능력을 잊어버렸기 때문이기도 하고, 미지의 세계에 대한 두려움 때문이기도 하다. 그러나 가장 큰 이유는 자신의 능력을 불신하고 있기 때문이다.

성공한 사람들에게 자신이 성공할 줄 알았느냐고 물어보면 열에 아홉은 '그렇다!'고 대답한다.

자신의 능력을 믿어라. '나는 성공할 수 있다'고 굳게 마음먹으면 성공의 길이 보인다.

당신은 알고 있다, 일찍 일어나는 새가 모이를 먹는다는 것을.

그와 마찬가지로 일찍 시작하는 사람이 일찍 성공한다.

성공의 씨앗을 가슴에 품고 있는가?

반드시 성공해야 할 이유가 있는가?

그렇다면 지금 당장 성공을 위한 첫걸음을 떼어라. 구체적인 행동으로 들어가라. 보완해야 할 점은 보완하고, 필요한 공부라면 과감하게 시작해라. 친구나 애인하고 히히덕거리고 있을 시간이 없다. 당신의 경쟁자는 이미 저만큼 앞서가고 있다.

인생은 마라톤과 흡사하다.

연습할 때 경기장에 가보라. 한쪽에서 동료들과 웃으며 장난치는 선수가 있는 반면, 고통을 참으며 이를 악물고 달리는 선수도 있다. 그러나 막상 시합 때는 어떠한가? 연습 때 웃던 선수는 오만 가지 인상을 쓰며 달리지만 처절한 패배를 맛보고, 연습 때 고통스러워했던 선수는 웃으며 달리지만 황홀한 승리를 맛본다.

누가 진정한 승리자인가?

# 목표는 매주, 매월마다 수정하라

여행을 갈 때 반드시 필요한 물건 중 하나가 바로 지도이다. 지도를 잘 보고 계획을 짜면 여행이 한층 즐겁다.

지도에는 여러 종류가 있다. 전국을 한눈에 볼 수 있는 지도가 있고, 일부 지방을 볼 수 있는 지도가 있고, 한 구역만 확대해놓은 지도도 있다. 오랫동안 여행을 할 때는 여러 종의 지도가 필요하다.

성공으로 가는 길도 여행과 비슷하다. 성공을 위한 플랜을 짜면 남들보다 빠르게 목적지에 도착할 수 있다.

플랜을 짤 때는 단기 목표, 중기 목표, 장기 목표로 세분화시켜서 짜는 것이 좋다.

첫술에 배부를 수는 없는 법이다. 꾸준히 목표를 향해서 걸어가야 한다. 가면서도 자주 방향을 확인해야 한다. 내가 지금 제대로 가고 있는 것인지, 엉뚱하게 샛길로 빠진 것은 아닌지.

단기 목표는 가급적 세밀하게 짜는 게 좋다. 단기 목표는 일종의 벽돌이다. 그 벽돌이 차곡차곡 쌓여서 성공이라는 집을 이룬다.

단기 목표를 반드시 이뤄야만 중기 목표를 이룰 수 있고, 중기 목표를 이뤄야 장기 목표를 이룰 수 있다. 벽돌이 쌓여서 벽을 이루고 벽과 천장이 모여서 집이 완성되는 식이다.

목표는 매주 체크하는 게 좋다. 변동 사항이 있거나 비현실적이면 곧바로 수정하라. 월말에는 그 달의 성적을 매기고 다음달 목표를 수정하라.

변동 사항이 생겼음에도 불구하고 방치해두는 것보다 더 나쁜 것은 없다. 그것은 마치 지도를 보지 않고 길을 가는 것과 같아서 열에 아홉은 샛길로 빠지게 마련이고 원래 자리로 돌아오는 데에도 많은 시간이 소요된다.

주변에 보면 계획을 자주 세우는 사람이 있다. 그 사람은 일이나 공부는 안 하고 계획표만 짜는 것처럼 보인다. 그러나 이런 사람이 성공한다. 틀린 계획표를 다시 짜다보면 자신의 생활을 돌아보게 되고 반성하게 된다.

성공이라는 목적지를 향해서 가다보면 몇 번의 시행착오는 반드시 거치게 되어 있다. 어리석은 자는 다람쥐 쳇바퀴 돌듯이 시행착오를 반복하지만 현명한 자는 똑같은 시행착오를 반복하지 않는다.

계획을 세웠으면 지금 당장 종이와 펜을 들어라.

마음을 가라앉히고 당신이 원하는 것을 당신의 나이만큼 적어보라. 고급 주택도 좋고 외제 승용차도 좋다. 아이들과 함께 외국 여행을 떠나는 것이라도 좋다.

다 적었으면 매일 아침 그것을 들여다보라. 읽을 때마다 많은 돈을 벌어야겠다는 생각이 들 것이고, 그 생각은 당신에게 기발한 아이디어를 안겨줄 것이다.

# 시간은 모두에게 공평하게 주어진 것이 아니다

얼마 전, 로펌에서 일하다 독립해 변호사 사무실을 차린 친구와 점심 약속이 있었다. 약속 시간보다 일찍 도착했지만 그 친구의 사무실로 무작정 쳐들어갔다.

"어? 일찍 왔네. 앉아서 차나 한 잔 해라."

친구는 두툼한 서류를 넘기면서 웃으며 말했다.

소파에 앉아 있다보니 심심했다. 뭘 저렇게 열심히 하나 싶어서 여기저기 기웃거리다가 우연히 켜져 있는 컴퓨터 화면을 보았다. 화면에는 친구의 스케줄 관리 프로그램이 떠 있었다. 나는 별 생각 없이 프로그램을 들여다보았다. 다 읽고 나니 입이 쩍 벌어졌다.

친구는 놀랍게도 칠십 건이 넘는 소송을 맡고 있었다. 한 시간 동안 처리해야 할 일들이 십여 건이었다. 그러나 친구는 간간이 나와 대화를 나누면서도 그 일들을 능수 능란하게 처리했다. 일식집에서 점심을 먹으면서도 친구는 자잘한 몇 가지 일들을 처리했다. 두 시간 가까이 함께 있었는데 그는 단 한 번도 바쁘다고 투덜거리지 않았다.

오후에는 차장 승급 시험에서 번번이 떨어져 만년 과장으로 있는 친구를 커피숍에서 만났다. 그는 자리에 앉자마자 바쁘다고 투덜거렸고, 일이 너무 많다고 하소연을 했다.

23

그들은 같은 하늘 아래에서 같은 하루를 보내고 있었다. 하지만 시간을 보내는·방식은 전혀 달랐다.

시간이 모든 사람에게 스물네 시간 똑같이 주어진다고 생각하는가?

천만에! 절대 그렇지 않다. 어떤 사람에게는 두 시간 사십 분 같은 스물네 시간이 주어지고, 어떤 사람에게는 이백사십 시간 같은 스물네 시간이 주어진다.

시간은 관리하기 나름이다. 시간을 늘리는 것은 열정이다. 일에 대한 열정은 놀라운 집중력을 발휘하게 하고, 집중력은 짧은 시간 내에 일을 끝마치게 한다. 일에 대한 열정이 없는 사람이 하루 종일 질질 끄는 일을 단 한 시간 안에 끝내버리기도 한다.

성공하는 사람은 시간 관리에 대한 자신만의 노하우가 있다. 그 노하우는 성공을 향한 열정이 낳은 부산물이다.

성공하지 못하는 사람은 시간을 허비하는 데 자신만의 노하우가 있다. 그는 일을 가장 적게 하면서 하루를 보내는 방법을 알고 있고, 한 달을 마치 일주일처럼 사용하는 방법을 알고 있다.

당신은 현재 꿈을 갖고 있는가?

꿈이 없다면 당신은 두 시간 사십 분 같은 하루를 보내고 있는 케이스이다. 분명 일에 대한 열정도 없을 것이다. 그저 하루를 보내고 월급을 타는 데 만족한다면 당신이 성공할 가능성은 전무하다.

성공하고 싶다면 하루 스물네 시간을 이백사십 시간처럼 늘려서 사용할 줄 알아야 한다. 동료나 상사로부터 이런 말을 들어야만 비로소 성공할 수 있다.

"아니? 이 많은 일을 그 짧은 시간에 어떻게 해냈어?"

## 007

# 초기 자금을 마련하라

같은 대학, 같은 과를 나온 네 친구가 있었다. 이들은 자주 만나 술을 마셨고, 술만 마시면 함께 회사를 차리자고 입버릇처럼 말했다.

세월은 흘렀고, 그러던 어느 날, 한 친구가 괜찮은 프로그램을 개발했다. 그는 세 친구를 불러내 사업을 시작하자고 제의했고, 모두들 찬성했다. 그러나 막상 회사를 차렸을 때는 넷이 아닌 셋이었다. 한 친구가 초기 자금 삼천만 원을 마련하지 못해서 동참하지 못한 것이었다.

그 친구는 회사에 남았고, 사표를 쓰고 사업을 시작한 세 친구는 어려운 시기도 겪었지만 이내 자리를 잡았다. 9천만 원으로 시작한 회사는 이 년 만에 90억 원의 가치가 있는 회사로 성장했다.

혼자 남은 친구는 뒤늦게 땅을 치고 후회했지만 이미 기차는 떠난 뒤였다. 그들과 합류하기 위해서는 이제 삼천만 원이 아닌 삼 억을 출자한다 해도 부족했다.

경제에 조금만 관심이 있다면, 이천만 원을 갖고 전세 낀 아파트를 사기 시작해서 몇 년 만에 몇 억을 벌었다는 이야기를 한 번쯤은 들었을 것이다.

어떤 사람에게는 이삼억 원이 사업을 하기에 어중간한 돈이겠지만 어떤 사람에게는 이삼천만 원이 요긴하게 사용될 수 있다.

성공하기 위해서는 초기 자금이 반드시 필요하다. 직장을 그만두고 사법고시를 준비하려고 해도 자금이 필요한 게 현실이다.

성공해야겠다고 굳게 마음먹었고, 거기에 대한 플랜을 짰다면 초기 자금을 마련하는 것이 급선무이다.

그렇다면 어떻게 돈을 모을 것인가?

현재의 월급으로는 현상 유지도 어려운데 어떻게 돈을 모으느냐고 한숨부터 내쉬는 사람도 많을 것이다.

그러나, 돈을 모으려면 일단 돈에 대한 의식부터 바꿔야 한다.

모아야겠다는 의식이 없을 때의 돈은 물이다. 어디로 새어버렸는지 흔적조차 찾을 수 없다.

모아야겠다는 의식을 갖기 시작하면 돈은 모래가 된다. 알게 모르게 새기 시작하고, 새는 것을 눈으로 확인할 때는 가슴이 아프다.

반드시 모아야겠다는 결심을 하게 되면 비로소 돈은 자갈이 된다. 손아귀를 벌리지 않는 한 절대로 잃어버릴 염려가 없다.

짧은 시간 내 자금을 모으고 싶다면 돈을 자갈로 만들어서 모아야 한다. 그러기 위해서는 **돈 쓰는 습관을 송두리째 바꾸어야 한다.**

한국의 사채시장을 좌지우지하는 분이 나에게 귀띔해준 돈 모으는 방법은 이렇다.

첫째, 돈은 뭉칫돈으로 모을 것.

돈은 한번 흩어지기 시작하면 쉽게 공중분해되는 경향이 있다. 들어온 돈은 손도 대지 말고 고스란히 모아라.

둘째, 생활비는 보너스 같은 가욋돈으로 사용할 것.

만약 그것으로 부족하다면 새로운 일을 시작하라. 신문배달을 하든 번역을 하든 수단껏 돈을 벌어라.

셋째, 사고 싶은 물건은 최대한 미룰 것.

일주일 뒤로 미루고, 한 달 뒤로 미루고, 내년으로 미뤄라. 그러다보면 언젠가는 나에게 절실히 필요한 물건이 아니었다는 사실을 깨닫게 될 것이다.

## 008

# 미래를 향해서 전진하라

성공은 주문하고 앉아 있으면 잠시 뒤에 나오는 피자가 아니다. 가슴에 품고서 오랜 세월 동안 공을 들이지 않으면 피울 수 없는 꽃이다.

그 꽃은 누구나 피울 수 있는 게 아니다. 많은 사람이 꽃을 보기를 희망하지만 쉽게 자태를 드러내지 않는다. 희소성의 원칙 때문에 그 가치가 높은 건지도 모른다.

가만히 앉아서 기다리는 사람은 절대로 꽃을 피울 수 없다. 반드시 성공해야만 하는 이유가 수백 가지여도 꽃을 피우기까지는 어려움이 많다.

꽃을 피우려면 일단 마음의 여유가 있어야 한다. 초조해하지 말고 미래를 향해서 끊임없이 투자해야 한다. 현재의 불편함을 감수하지 못한다면 당신은 성공할 자격이 없다.

지금 괜찮은 자리에 있더라도 안주하지 마라. 지금 사업이 괜찮다고 해도 방심하지 마라.

미래에 대해서 투자하지 않는 사람은 반드시 도태된다. 삼성이 성장한 원동력 가운데 빼놓을 수 없는 것이 미래에 대한 끊임없는 투자이다. 미래에 투자하는 기업만이 살아남는다.

개인도 마찬가지다. 편법은 한계가 있다. 우리는 그동안 편법을 써서 성공한 사람들을 수없이 봐왔다. 그와 비례해서 그들의 비참한 최후 또한 수없이 보아오지 않았던가.

성공이란 초대받은 자만이 들어가는 성이다. 초대받지 않은 자가 담을 넘어 성에 들어간들 무슨 의미가 있겠는가? 비록 남들이 볼 때는 아둔해보일지라도 한 발, 한 발 내딛다보면 성의 정문에 도달할 것이다. 어깨를 펴고 당당하게 정문으로 들어가라.

그때가 되면 당신이 어떻게 살아왔는지를 기억하는 사람은 많지 않을 것이다. 친구나 동료들은 당신을 마치 성공을 위해 태어난 별종쯤으로 취급할 것이다.

성공한 자에게는 참으로 많은 것들이 주어진다. 당신이 그동안 흘린 땀방울과 고통을 잊기에 충분할 정도로.

## 009

# 심리적인 장애물을 뛰어넘어라

작년 여름, 장마가 끝날 무렵 사십대 중반의 K가 상담차 찾아왔다.

명문대를 졸업한 K는 오래 전부터 직장 생활에 회의를 품고 있었다. 그는 틈만 나면 자기 계발 관련 서적이나 창업 서적을 읽으면서 독립을 꿈꾸었다. 그러나 그보다 늦게 창업 준비를 시작한 친구들이 독립해서 나간 뒤에도 그는 여전히 회사에 남아 있었다.

"막상 사표를 내려고 하면 눈앞이 깜깜해지고 손이 떨려요. 도대체 왜 그런 걸까요?"

K는 그런 자신을 도무지 이해할 수 없다고 했다.

나는 마침 시간도 남고 해서 그와 맥주를 마시며 오랜 시간 이야기를 나누었다. 그의 성장기까지 모두 듣고 나서야 그가 심리적인 장애물에 가로막혀 있음을 눈치챌 수 있었다.

K의 아버지는 제과업을 했다. 그가 일곱 살 때 부친의 회사가 부도 났는데, 사업 실패가 불러온 재앙을 그는 생생하게 기억하고 있었다.

그는 특히 집 안의 모든 가재 도구에 붙여지던 빨간딱지를 잊지 못했다. 법원에서 나온 직원들이 가재 도구며 장식장에 든 고급 술병 등에 빨간딱지를 붙이던 장면을 설명할 때, 그의 입술은 창백하게 질렸고 눈동자는 공포로 가득 차 있었다.

나는 며칠 뒤에 그와 술을 마시다가 자연스럽게 그에게 정신과 의사를 소개시켜주었다.

정신과 의사로부터 한 달 남짓 치료를 받은 K는 직장을 그만두고 회사를 차렸다. 워낙 성격이 활달하고 대인 관계에 능해서 그는 현재 큰 어려움 없이 회사를 키워나가고 있다.

성공을 위한 좋은 조건을 갖추고 있으면서도 주저하고 있는 사람들 가운데는 K처럼 심리적인 장애물에 가로막혀 있는 사람이 많다.

어렸을 때 아버지가 '너처럼 박약한 의지로 도대체 뭘 하겠니?' 하고 무심코 던진 말 한마디에 이십 년 넘게 사로잡혀 있는 사람도 있고, '한 우물을 파야지, 여러 우물을 파는 사람은 결코 성공할 수 없다' 는 학교 선생님의 말씀에 삼십 년 넘게 사로잡혀 있는 사람도 있다.

**이런 사람은 성공을 향해 길을 떠나기 전에 먼저 심리적 장애물부터 제거해야 한다.** 정신과 의사를 찾아도 좋고, 매일 삼십 분씩 편안한 자세에서 눈을 감고 명상을 하는 것도 좋다. 원인만 찾아낸다면 극복하는 것은 그리 어렵지 않다.

심리적인 장애란, 없는 것을 있다고 생각하는 착각에서 비롯된다. 따라서 그것이 착각이었음을 깨달으면 문제는 저절로 해결된다.

마음이란 복잡한 것 같으면서도 단순하다.

# 긍정적인 사고 방식을 지녀라

성공하는 사람의 가장 큰 공통점은 긍정적인 사고 방식을 지니고 있다는 점이다. 긍정적인 사고 방식은 성공을 위해서뿐만 아니라 삶을 살아가는 데 있어서 대단히 중요하다.

똑같은 일을 놓고도 어떤 사람은 '여덟 가지밖에 안 남았군' 하고 생각하고, 어떤 사람은 '아직도 여덟 가지나 남았네'라고 생각한다. 둘 사이에는 엄청난 차이가 있다.

기업 총수나 회사 중역은 대다수가 긍정적인 사고 방식을 지니고 있다. 부정적인 사고 방식으로는 산적해 있는 일들을 한정된 시간 안에 처리해낼 수 없기 때문이다.

긍정적인 사고 방식은 진취적인 사고 방식과도 통한다. 긍정적인 사고 방식을 지녀야만 미래를 향해 거침없이 달려갈 수 있다.

훌륭한 상사는 예전에 한 번 실수를 했던 직원일지라도 일을 맡길 때는 '지난번에 실패했지만 이번 일은 잘해낼 거야'라고 생각한다. '지난번에 실패했는데 이번에도 실패하면 어떡하지?'라고 생각하는 상사라면 아랫사람을 부릴 수가 없다. 그런 사람은 모든 일을 자신이 직접 나서서 처리할 수밖에 없다. 또한 그런 사람은 하급 관리자 이상으로는 승진하기 힘들다.

신중한 것과 긍정적인 것은 다르다.

그래서 전망이 밝은 회사는 사람을 뽑을 때 신중하고, 일단 사람을 뽑았으면 그 사람을 전적으로 믿고 신뢰한다. 이러한 풍토여야지만 자신의 역량을 십분 발휘하게 된다.

부정적인 사고 방식은 젊고 패기 넘치는 사람들이 많이 지니고 있다. 자신의 능력에 대해 지나치게 과신하거나 강한 승부욕을 지니다보니 주변 사람들의 능력을 불신하는 것이다.

그러나 지나친 자만심이나 승부욕은 화를 부른다.

우리 속담 중에 '사촌이 땅을 사면 배가 아프다'라는 말이 있다. 당신도 사촌이 땅을 사면 배가 아픈가? 그렇다면 당신은 못난 사람이다.

사촌이 가난하면 당신에게 손을 벌리러 올 것이다. 어쩌면 빚 보증을 서달라고 부탁할지도 모른다. 그런 사촌을 보며 우쭐해한다면 당신은 성공할 수 있는 자질이 부족한 사람이다.

사촌이 나보다 잘 살면 실보다 득이 많다. 사촌이 땅을 사서 돈을 벌었다면 아무에게도 알려주지 않은 그 노하우를 귀띔해줄 수도 있다. 또한 사촌이 그 땅을 관리해달라고 부탁해올 수도 있다.

성공한 사람 가운데 실제로 그런 사람이 있다. 사촌이 관리해달라고 맡긴 땅을 임시 주차장으로 활용해서 돈을 벌었다. 그는 그 돈을 종자돈 삼아 사업을 시작했고, 마침내 직원이 몇 천 명에 이르는 회사의 주인이 되었다.

긍정적인 사고 방식을 지녀라. 당신이 지금까지 보아왔던 세상보다 훨씬 넓은 세상을 보게 될 것이다.

# 나를 변화시키는 좋은 습관

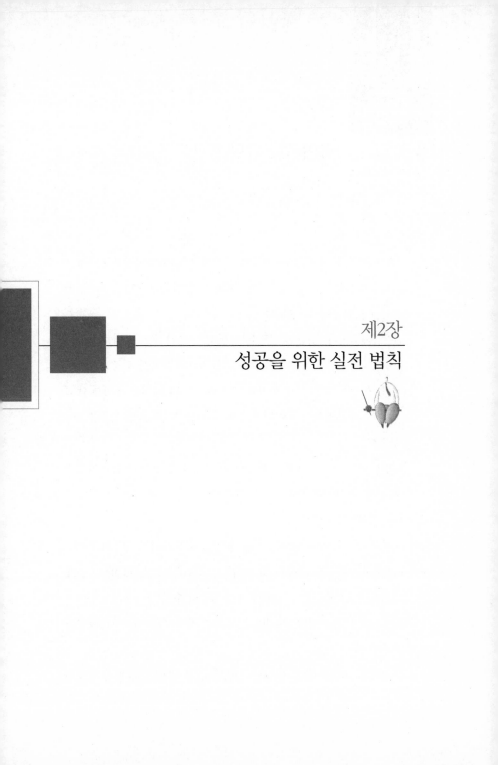

제2장

# 성공을 위한 실전 법칙

# 품격 있는 사람이 성공한다

소설이나 영화에서 보면 성공이라는 야망을 가진 사람은 비정하게 그려진다. 비열한 짓도 서슴지 않고 배신도 밥먹듯이 한다.

그렇다면 현실에서는 어떨까?

답은 'NO'이다. 성공한 사람의 공통점 가운데 하나가 바로 품격이다. 졸부들을 제외하고는 하나같이 나름대로의 독특한 인품을 지니고 있었다. 칠순이 넘은 그룹 회장은 그만의 향기와 체취를 느끼게 했고, 스물도 안 된 세계적인 피아니스트 역시 자신만의 독특한 인품을 지니고 있었다.

그렇다면 그들은 성공했기 때문에 품격을 갖춘 것일까, 품격이 있었기 때문에 성공한 것일까?

나는 후자라고 본다.

예전에는 악독한 수전노가 돈을 벌었을지 모르지만 정보화 시대에는 그런 사람은 결코 큰돈을 벌 수 없다. 전당포를 하든 음식점을 하든 사업을 하든 간에 소문이 나쁘게 나면 성공할 수 없다.

직장인도 마찬가지다. 자신만 알고 자신의 이익만 챙겨서는 승진할 수 없다.

과거에는 실적이 좋고 윗사람의 비위만 잘 맞추면 쉽게 승진할 수 있었다. 그러나 현대는 다면 평가를 하기 때문에 품격이 없으면 인사 고과에서 좋은 점수를 따기 힘들다.

상사에게는 좋은 부하 직원이어야 하고, 부하 직원에게는 좋은 상사여야 한다. 동료들의 눈에도 괜찮은 사람이어야 하고, 하물며 거래처 직원의 눈에도 잘 보여야 한다.

어느 한 사람에게 아부하고 충성해서 성공하던 시대는 지났다. 이제는 모든 사람에게 인정받는 일꾼이 되어야 한다.

그렇다면 저마다 성격이 각양각색인데 어떻게 많은 사람의 마음을 사로잡을 수 있을까?

가장 간단한 방법이 품격을 갖추는 것이다. 품격 있는 인간은 좀처럼 욕을 먹지 않는다. 품위 있는 개에게도 발길질을 하지 않는 법인데 사람에게야 오죽하겠는가.

예술 계통이나 연예인, 정치인, 사업가로 성공하려는 사람도 마찬가지다. 기자들은 한두 번만 취재해보면 그 사람의 됨됨이를 대개는 파악한다. 품격 있는 사람에게는 호감을 느끼는 게 인지상정이다.

처음에는 경계하다가도 일단 호감을 갖게 되면 진정으로 그 사람의 성공을 바라게 된다. 그래서 그 사람에게 불리한 일이 생기면 덮어주고, 좋은 일이 터지면 큼지막하게 다뤄준다.

비단 기자들뿐 아니라 모든 사람이 그렇다. 일단 품격을 갖추었다면 그 사람은 이미 절반의 성공은 보장받은 것이다.

# 소리내어 웃으며 인사해라

당신은 앞에서 시험을 치면서 '당신의 성공을 도와준 다섯 사람의 이름'을 적었다. 그럼 한 가지 물어보자.

당신이 성공하는 데 있어서 그들이 가장 큰 도움을 줄 거라고 예상하는가? 의외의 인물이 도와줄 수도 있지 않을까?

성공한 사람들은 어땠을까. 그들의 이야기를 들어보면 예상치 못했던 이가 큰 도움을 준 경우가 많았다.

사실 세상일을 정확히 예측하는 것은 불가능하다. 어제의 적이 오늘은 아군이 되기도 하고 내일은 다시 적이 되기도 하는 게 현실이다.

그렇기 때문에 가능한 많은 이들로부터 호감을 사두는 게 좋다. 그렇다면 호감은 어떻게 해야 살 수 있을까?

앞에서도 언급했지만 호감을 사기 위해서는 인품이 있어야 한다. 그러나 아무리 훌륭한 인품을 갖고 있다고 해도 대화해보지 않으면 알 수 없다. 대화를 하려면 먼저 사람을 알아야 한다.

인간은 서로 알기 전에는 각기 다른 섬과 섬이다. 그 섬에 다리를 놓는 것이 바로 인사이다.

이 이야기는 실화이다.

D라는 영업사원이 있다. 어느날 그는 여러 차례 드나들었지만 거래를 성사시키지 못했던 거래처에 갔다. D가 엘리베이터를 탔는데 한 중년 사내가 허겁지겁 뛰어오는 게 보였다. D는 열림 버튼을 누르고 있다가 웃으며 말했다.

"어서 오세요! 날이 덥죠?"

중년 사내는 D를 힐끗 돌아보며 마지못해 고개를 끄덕였다.

D는 자재 과장을 만나 자신의 회사 자재를 납품하기 위해 열심히 설명했다. 그러나 그 과장은 마음에 들어하지 않는 눈치였다. 아, 오늘도 틀렸구나, 생각하고 일어서려는데 좀전에 엘리베이터에 함께 탔던 중년 사내가 들어왔다.

"안녕하세요! 자주 뵙네요."

D는 다시 웃으며 인사했다.

"아니, 부임하신 지 얼마 되지 않았는데, 어떻게 부사장님을 아세요?"

자재 과장이 눈을 휘둥그레 뜨고 물었다.

놀란 D가 정식으로 인사를 하자, 부사장이 D의 방문 목적을 물었다. 자재 과장의 설명을 들은 그는 잠시 카탈로그를 살펴보았다.

"김 과장, 이 회사에서 생산한 자재라면 믿어도 돼. 사람을 배려할 줄 아는 직원들이 생산한 자재거든."


D가 일 년 동안 드나들고도 거래를 성사시키지 못했던 회사와 단숨에 거래를 틀 수 있었던 것은 화려한 미사 여구도, 여러 차례의 접대도 아닌 단, 두 번의 인사였다.

**성공한 사람은 대개 인사를 잘 한다.** 미소도 근사하고 목소리도 멋있다. 그런 사람은 꼭 취재 건이 아니더라도 다시 한 번 찾아가보고 싶다. 언제든지 따뜻하게 맞아줄 것 같은 예감 때문이다.

인사는 노력하면 누구나 잘 할 수 있다. 입가에 미소를 머금고 소리내어 인사하는 버릇을 기르자.

우선 출근할 때 아내에게 먼저 인사해보라.

"여보, 갔다올게. 사랑해."

엘리베이터에서 이웃을 만나면 먼저 인사를 건네자.

"안녕하세요. 일찍 출근하시네요."

회사에 도착하면 만나는 사람마다 웃으며 인사를 하자.

"안녕하세요! 부장님, 좋은 일 있으세요? 오늘따라 얼굴이 환해보이시네요."

"좋은 일은 무슨······."

"그래요? 그럼 아마도 오늘 좋은 일이 생길 겁니다!"

이런 기본적인 인사를 아부라고 여기거나 느끼하다고 생각하면 성공은커녕, 사회 생활을 할 자격조차 없는 것이다.

훌륭한 인사는 품격 있는 인간으로 가는 첫걸음이다.

# 013

# 훌륭한 습관이 훌륭한 미래를 연다

인품이란 일종의 습관이다.

인사하는 습관, 옷 입는 습관, 책 읽는 습관, 돈 쓰는 습관, 상대의 이야기를 진지하게 듣는 습관, 상대의 입장을 배려할 줄 아는 습관, 아이들이나 어려움에 처한 사람을 보면 감싸고 도와주는 습관, 사물의 이면을 관찰하는 습관 등, 헤아릴 수 없이 많은 습관이 모여서 인품을 만든다.

성공하는 사람은 훌륭한 습관을 지니고 있다. 바꿔 말하면 훌륭한 습관을 지니고 있어서 성공할 수 있었던 것이다.

'세 살 버릇 여든까지 간다'라는 속담이 있다. 그러나 이것은 부분적으로 맞는 말이다. 성공을 꿈꾸지 않는 사람이라면 나쁜 버릇을 평생 고치지 못하지만 **성공을 꿈꾼다면 나쁜 버릇은 한시라도 빨리 고쳐야 한다.**

그럼 지금 당장 가까운 곳에서부터 고쳐나가기 시작하자.

지금 앉아 있는 당신의 자세는 어떠한가?

구부정하게 앉아서 책을 읽고 있다면 허리를 반듯하게 펴라. 자세가 방만하면 머릿속이 산만해져 글귀가 제대로 눈에 들어오지 않는다.

당신은 지금 어떤 옷을 입고 있는가?

호감을 주는 옷차림인지, 너무 평범하지는 않은지 돌아보라.

걸을 때 당신은 어떻게 걷는가?

주머니에다 손을 넣고 걷지는 않나, 팔자 걸음으로 걷지는 않나, 함께 걷는 동료보다 너무 빠르거나 느리지는 않나 돌아보라.

대화할 때 당신은 어떠한가?

상대방의 이야기를 들으려 하기보다 혼자 이야기하는 스타일은 아닌가, 수시로 걸려오는 휴대폰 때문에 상대방의 말허리를 너무 자주 자르고 있지는 않은가, 비슷한 이야기를 수없이 반복하고 있지는 않은가 돌아보라.

술자리에서 당신은 어떠한가?

머릿속으로 엉뚱한 생각을 하면서 혼자 술을 마시고 있지는 않은가, 상대방은 멀쩡한데 먼저 취한 것은 아닌가, 나 혼자만 기분 내고 있지는 않은가 돌아보라.


사실 좋은 습관을 지닌 사람은 많지 않다. 그건 멋있는 사람은 많지 않다는 말과도 일맥상통한다.

성공하려면 멋쟁이가 되어야 한다. 옷은 물론이고, 어딘지 모르게 품격 높은 인간이 되어야 한다.

나쁜 습관을 고치는 가장 좋은 방법은 제3의 눈으로 자신을 관찰하는 것이다. 좋은 습관이 몸에 밸 때까지 자신의 모습을 스물네 시간 지켜보는 것이다.

의식의 일부분을 떼어내서 관찰자 역할을 맡기면 된다. 쉽게 말하면 위에서 누군가 자신을 지켜보고 있다고 생각하는 것이다. 앉아서 책을 읽을 때도, 걸을 때도 누군가 보고 있다는 의식을 갖고 있다가 나쁜 버릇이 나오면 그 즉시 수정하면 된다.

일에 몰두하다보면 관찰자를 잊어버리고 옛날 버릇이 나오게 된다. 하지만 당황하지 말고 다시 관찰자를 세워두라. 처음 한동안은 어색하기 짝이 없겠지만 시일이 지나면 그리 어려운 일이 아니라는 걸 깨닫게 될 것이다.

그렇게 반 년쯤 지나서 자신의 모습을 예전과 비교해보라. 한층 더 성숙하고 멋있는 사람이 되어 있을 테니.

# 014

# 약점을 커버하고
## 장점이 부각되도록 옷을 입어라

옷도 말을 한다.

예민한 사람은 옷차림만 봐도 저 사람이 어떤 사람인지 안다. 옷이 주인의 성격과 취향을 말해주기 때문이다.

요즘에는 좋은 옷이 많이 생산된다. 평범한 사람도 대개 좋은 옷 몇 벌쯤은 갖고 있다. 그러나 좋은 옷을 입는 것과 옷을 제대로 차려입는 것은 다르다.

양복만 해도 그렇다. 와이셔츠와 양복 색깔, 거기다가 넥타이 색깔까지 맞춰서 입기란 웬만큼 색채에 대한 감각이 없으면 힘들다.

인터뷰를 많이 해본 사람일수록 옷을 자연스럽게 입는다. 신문이나 잡지에 실린 사진을 보고서, 텔레비전에 나온 자신의 모습을 보고서 어떤 옷을 입어야 사진이 잘 받는지, 어떤 색상의 옷이 호감을 주는지 이미 체험했기 때문이다.

인터뷰를 하러가면 옷차림이 어색한 사람이 종종 있다. 자신이 직접 고르거나 배우자가 코디를 해줬다고 하는데 어딘지 모르게 어색하다. 하긴 코디네이터가 따로 있는 것도 아니니 옷을 제대로 입는다는 것이 쉬운 일은 아닐 것이다.

97년 대선 당시 김대중 씨와 이회창 씨가 텔레비전에 나와 대통령

선거 연설을 했을 때, 두 사람의 옷차림은 확연히 달랐다. 김대중 씨는 단정하고 중후해보이는 짙은 색 양복과 편안한 느낌을 주는 푸른색 셔츠, 따뜻한 느낌을 주는 황금색 넥타이를 맸다. 반면 이회창 씨는 차가운 이미지를 탈피하면서 깨끗한 이미지를 강조하기 위해 감색 양복, 푸른색 셔츠에 대각선 줄무늬 넥타이를 맸다.

물론 이들의 옷은 전문 코디네이터가 골라준 것이었다.

그런데 한 가지 재미있는 것은, 디자이너들이 평가한 대통령 후보의 잘된 옷차림은 김대중, 이회창, 이인제 순이었다.

## 옷차림은 자신의 약점을 커버할 뿐더러 장점을 부각시킨다.

성공하는 사람은 대개 옷을 잘 입는다. 의심스러우면 잡지에 실린 그들의 옷차림을 눈여겨봐라. 어디 하나 흠 잡을 데가 있는지.

옷은 평생을 두고 입어야 한다. 매일 출근할 때는 물론이고 중요한 계약을 할 때도 입어야 한다.

## 한번쯤은 옷 잘 입는 법을 공부해둘 필요가 있다. 그러기 위해서는 색채가 주는 느낌부터 배워야 한다.

색채학을 제대로 공부하고 나면 감각이나 센스가 향상된다. 무조건 옷을 잘 입기 위해서가 아니라도 색채학은 공부해두면 유용하다.

직장인은 비슷비슷한 정장 차림이기 때문에 평상시에는 옷을 잘 입는지, 못 입는지 표시가 나지 않는다. 어떤 날은 활력에 넘쳐보이던 사람이 어떤 날은 기운이 없어보이더라도, 대부분의 사람들은 옷 때문이 아니라 그 사람의 심리적인 변화로 받아들인다.

옷에 대한 감각이 확연히 드러나는 곳은 부부 동반 파티이다. 부부를 각자 관찰해보면 고급스런 의상이고 나름대로 멋도 있는데 함께 있으면 부부처럼 안 보이는 부부가 있다. 그런 사람은 옷을 못 입는 전형적인 사람들이다.

평상시 옷을 잘 입는 사람은, 자신은 물론이고 파트너의 의상까지 고려해서 선택을 한다.

부부 동반 파티에서 당신의 옷차림도 멋있고, 배우자의 옷차림도 멋있고, 또한 두 사람의 옷 색깔이나 모양새가 묘하게 조화를 이루도록 옷을 차려입을 수 있다면, 아마 사람들은 당신을 달리 볼 것이다.

# 무대공포증을 극복하는 방법

대중 앞에 서거나 중요한 자리에 서면 얼굴이 빨갛게 달아오르거나, 목소리가 떨리거나, 말을 더듬는 사람이 의외로 많다. 개중에는 성격이 화통한 사람도 적지 않은 걸 보면 무대공포증을 내성적인 성격 탓으로만 돌릴 수도 없는 일.

중요한 자리를 의식적으로 피해가며 평생을 살 사람이라면 몰라도 성공을 꿈꾸는 사람이라면 무대공포증은 한시라도 빨리 극복하는 게 좋다.

**성공하려면 사람들 앞에 서는 것을 즐겨야만 한다.** 기분 나쁜 일이 있어서 인상을 쓰고 있다가도 카메라나 마이크를 들이대면 금세 부드러운 표정을 지을 줄 알고 달변가가 되어야만 성공할 수 있다.

무대공포증은 완벽주의자이거나 자의식이 강한 사람일수록 심하다. 실수하면 어떡할까, 자칫 말을 잘못 알아들어 엉뚱한 대답을 하면 어떡할까, 멍청하게 보이면 어떡할까 등등 지나친 강박감에 사로잡히다 보니 심장은 마구 뛰고, 얼굴은 노을 빛으로 달아오르고, 목소리는 떨리고, 말은 더듬게 된다.

무대공포증을 극복하기 위해서는 먼저 의식의 전환이 필요하다. 실수를 하찮게 여기는 마음가짐이다.

사실 실수를 오랫동안 기억하는 사람은 당사자뿐이다. 대다수는 자기 자신과 연관 없는 일이므로 쉽게 잊어버린다. 그냥 한 번 웃고 지나치거나 인상 한 번 찌푸리면 그만이다. 다른 사람은 다 잊어버린 일을 혼자서만 가슴에 간직한 채 전전긍긍하고 있다면 그 또한 웃기는 일이 아닐 수 없다.

현역 국회의원 중에 흥분하면 얼굴이 빨개지거나 말을 더듬는 버릇을 지닌 사람이 있다. 나는 개인적으로 그 국회의원을 좋아한다. 그의 모습에서 다른 의원에게서는 발견할 수 없었던 인간미를 느꼈기 때문이다.

중요한 자리에서 무대공포증으로 인해 실수를 했다고 해도 마음에 담아두지 마라. 자신의 인간미를 보여줬다고 편하게 생각하라. 실수에 얽매이다보면 다음 번에도 똑같은 실수를 반복하게 된다.

무대공포증을 극복하는 가장 좋은 방법은 자주 대중 앞에 서보는 것이다. 영업사원 연수 프로그램에 빠지지 않는 것이 바로 대중 앞에 서서 연설하기이다.

교육 효과는 상당히 높다. 처음에는 사시나무처럼 떨던 사람도 몇 번 하다보면 명강사 뺨칠 만큼 잘 한다. 막상 해보니까 예상했던 만큼 어렵지 않다는 것을 몸으로 체험했기 때문이다.

체험만큼 좋은 방법은 없다. 그래서 어떤 이들은 무대공포증을 고치기 위해서 지하철이나 버스에서 세일즈맨 생활을 자청하기도 한다. 그 정도 비장한 마음이라면 무대공포증보다 더한 그 무엇인들 극복하지 못하겠는가.

무대공포증은 선천적인 요소도 있지만 생활 태도에서 많이 좌우된다. 학교에서 수업시간에 발표를 꺼려하고, 회의 시간에 단상에 나가 말하기를 싫어하고, 무대에 나가 노래 부르는 것을 싫어하다보니 점점 굳어진 것이다.

지금부터라도 생활 태도를 바꿔보라. 회의 시간에 자신의 생각을 정확히 말해 버릇하고, 모임 같은 곳에 가면 마이크도 잡고, 웃기는 이야기도 한 토막 해보고, 음치일지라도 노래도 한 곡씩 부르며 생활하다보면 무대공포증을 충분히 극복할 수 있다.

성공하는 사람 가운데는 내성적인 사람보다는 외향적인 사람이 압도적으로 많다. 성격을 외향적으로 바꾸면서 무대공포증도 극복할 수 있다면 일석이조 아니겠는가?

# 016

# 자신만의 이미지를 만들어라 🌹

'이미지메이킹' 이라는 말을 들어본 적이 있을 것이다.

사람은 저마다 이미지를 갖고 있다. 눈을 감고 전직 대통령의 이미지를 떠올려보라. 이승만, 윤보선, 최규하, 박정희, 전두환, 노태우, 김영삼, 김대중……. 그들은 모두 각기 다른 이미지를 갖고 있다.

그렇다면 당신이 갖고 있는 그들에 대한 이미지는 누가 심어준 것일까? 일반인들이 지니고 있는 유명인에 대한 이미지는 대부분 신문이나 방송 같은 대중 매체를 통해 형성된다. 그러기에 공정한 보도가 중요하다.

현대 사회는 이미지를 사고 판다고 해도 과언이 아니다. 아르마니 양복이나 로렉스 시계의 이미지를 상상해보라. 그들 역시 자신만의 이미지를 갖고 있다. 이런 이미지는 하루아침에 형성된 게 아니다. 오랜 세월 광고비와 홍보비로 엄청난 돈을 들여 만들어진 것이다.

그렇다면 성공한 사람은 어떤 이미지를 갖고 있을까?

당신은 아마 성공한 사람 가운데 벤치마킹하고 싶은 사람이 있을 것이다. 그 사람의 이미지를 상상해보라. 그도 역시 괜찮은 이미지를 갖고 있지 않은가.

그럼 이제 당신 차례이다. 당신은 회사에서 어떤 평을 듣고 있는가?

"그 친구, 일은 잘 하는데 이기적이야."

"그 친구, 말만 요란하지 실속이 없어."

"아, 그 친구! 성실하고 인간성도 좋아."

**좋은 평판을 형성해야만 성공할 수 있다.** 그러기 위해서는 당신의 이미지를 바꿔야만 한다.

좋은 이미지를 만드는 기본적인 절차는 이렇다.

첫째, 자신을 알아라. 자신이 어떤 평판을 지닌 사람인지 정확히 알아야 한다. 그래야만 개조해나갈 방향을 잡을 수 있다.

둘째, 가치를 높여라. 아무리 포장을 잘 해도 알맹이가 형편없다면 그 사업은 오래 가지 못한다. 실력을 갖추는 것이 급선무이다.

셋째, 자신을 홍보하라. 현대 사회에는 비슷한 실력을 지닌 사람끼리 집단을 이룬다. 같은 직장에 다니고 있고, 직장 다니는 동안에도 나름대로 공부를 게을리하지 않았다면 당신이나 경쟁자나 실력은 거기서 거기일 때가 많다. 그럼에도 불구하고 경쟁자는 평판이 좋고 당신은 형편없는 평판을 듣고 있다면, 그것은 홍보 부족이다. 당신은 이미지를 파는 데 실패한 것이다.

인품을 갖춘다는 것이 총체적이라고 하면 회사에서 좋은 이미지를 쌓는 것은 국지적인 것이다. 회사에서 당신에게 원하는 이미지는 한정되어 있다. 성실하게, 맡은 바 일을 잘 하는, 유능한 직원.

성공을 꿈꾸는 당신이라면 그 정도 이미지를 쌓는 것쯤은 어렵지 않다. 승진에서 떨어졌다고 해도 자책하지 말고, 좋은 이미지를 쌓도록 노력하라. 이미지가 좋은 사람에게 기회가 주어지는 것은 당연하니까.

# 017

## 실패하더라도 변명을 늘어놓지 마라 🌸

세상에는 두 종류의 사람이 살고 있다. 실패해도 변명하지 않는 사람과 실패하면 반드시 변명을 늘어놓는 사람.

사람은 신이 아니다. 실패하지 않는 사람은 없다. 위대한 인물들 가운데 단 한 번도 실패하지 않은 사람이 누가 있는가? 실패를 딛고 일어섰기에 그들은 위대한 것이다.

일이 안 되려고 하면 이상한 데서 꼬인다. 한번도 안 막히던 길인데 갑자기 대형 사고가 나서 정체가 되고, 멀쩡한 차가 펑크 나기도 한다. 물건을 납품해야 하는데 공장이 파업을 하는가 하면, 전날 술자리에서 계약하기로 굳게 약속했던 바이어가 행방을 감추기도 한다.

회사는 이익 집단이다. 과정보다 결과를 중시하는 건 어찌 보면 당연하다. 상사가 일의 결과를 물어오면 많은 이들이 자신도 모르게 변명을 늘어놓게 된다. 계획대로였다면 충분히 해낼 수 있는 일이었기에. 아쉬움이 남달리 크기에.

그러나 변명은 실패보다 더 나쁘다.

삼성의 이건희 회장은 실패하고 나서 변명을 늘어놓는 사람을 최악의 직원으로 꼽는다. 다른 기업 총수들도 마찬가지다.

일이란 성공할 때도 있고, 실패할 때도 있다. 그런데 실패할 때마다 변명을 들어야 한다면 얼마나 피곤한 일인가?

한 회사에 오래 근무해서 임원이 되면 저절로 오너를 닮게 된다. 오너가 변명을 싫어하는데 임원인들 좋아할 리 없다.

**변명하지 말고 깨끗이 실패를 인정해라.** 혼나는 걸 두려워 마라. 당신의 자식이 잘못하면 당신도 혼을 내지 않는가?

그 대신 마음속으로 복수의 칼을 갈아라. 실패의 원인을 철저하게 분석해라. 기회는 아직 남아 있다.

변명도 일종의 습관이다. 변명하는 습관에 젖어버리면 실패를 당연시 여기게 된다. 그런 사람은 조만간 도태될 수밖에 없다.

이를 악물고 실패를 성공의 계기로 삼아야 한다. 그런 사람은 훗날 이렇게 말한다. 그때 실패하지 않았더라면 지금의 나는 없을 거라고.

**실패는 소중한 거름이다.** 변명으로 얼버무리고 적당히 넘어가는 사람은 거름의 소중함을 모른다. 그런 사람이 짓는 농사는 흉작일 수밖에 없다.

# 018

# 치아에 돈을 투자하라

아사다 지로의 소설 『천국까지 100마일』에 나오는 주인공 야스오는 앞니 두 개가 빠져나가고 없다. 그는 한때는 잘 나가는 사업가였으나 파산하면서 앞니 두 개가 송두리째 빠져나갔다.

자신의 몸 하나 추스르기 어려운 형편이지만 야스오는 협심증에 걸린 어머니를 수술시키기 위해 승합차에 어머니를 싣고 100마일 저편의 선마르코 병원으로 달려간다. '신의 손' 이라는 별명을 지닌 심장 전문의는 야스오에게 이를 해넣으라고 한다. 앞니가 빠져 있으면 운이 달아난다고…….

이 소설에서 앞니는 성공의 상징이다. 치과의사는 야스오에게 이렇게 말한다. 앞니 빠진 사람에게는 좋은 일도 생기지 않고, 괜찮은 여자도 달라붙지 않고, 좋은 사업 아이템을 갖고 있어도 이야기하지 않는다고. 당신이라면 앞니 빠진 여자를 유혹하겠느냐고.

모두 맞는 말이다.

치아가 건강한 사람은 활짝 웃는다. 웃음이 티없이 맑고 멋있다.

치아에 콤플렉스를 지니고 있는 사람은 웃음이 부자연스럽다. 누렇게 색이 바랜 경우, 스케일링을 하지 않아 치석이 낀 경우, 돌출된 이를 지니고 있는 경우, 앞니가 벌어진 경우, 해넣은 지 오래되어서 잇몸과 맞닿는 부분이 까맣게 변한 의치인 경우, 어금니가 빠져 있는 사람의 경우에는 대화를 할 때도 입술의 움직임이 활발하지 않아 자신감이 없어보인다.

가지런하고 하얀 치아는 보는 사람을 기분 좋게 한다. 벌어진 데 없이 단단한 치아는 신뢰감을 느끼게 한다. 일이 잘 풀릴 것 같은 심리적인 안정감을 준다.

한국인 중에는 치과 가는 것을 싫어하는 사람이 많다. 의외로 어금니가 빠진 채 살아가는 사람이 많은 반면, 스케일링을 규칙적으로 하는 사람은 많지 않다.

**성공하는 사람은 치아가 멋있고 당당하다.** 치아에 대한 콤플렉스 때문에 윗입술이나 아랫입술을 움직이지 않고 말하는 사람은 찾아볼 수 없다. 그들의 치아는 무소의 뿔처럼 당당하고, 코끼리의 상아처럼 빛이 난다.

시간이 난다면 오늘 당장 치과에 가보자. 손 봐야 될 이는 손을 보고 해넣어야 될 이는 해넣고, 오래된 치석은 제거하자. 그런 다음 거울 앞에서 이를 드러내고 웃는 연습을 하자.

사람은 기쁜 일이 생기면 웃는다. 게다가 자꾸 웃다보면 좋은 일도 생긴다. 웃어야 할 때 웃지 못하면 평생 인상을 찡그리고 살 수밖에 없다. 그런 사람에게는 나쁜 일이 따라붙는다.

치아에 아낌없이 돈을 투자해라. 그것이야말로 제대로 된 투자이다.

# 019

# 칭찬은 당신을 빛나게 한다 🌹

한국인이 근래 들어 잘 쓰는 표현 가운데 하나가 '죄송합니다'이다. 거의 습관적으로 사용한다. 길거리에서 조금만 부딪쳐도, 무의식적으로 식당이나 도로에서 길을 가로막고 있는데 뒷사람이 지나가려고 할 때 그들의 입에서 저절로 튀어나온다.

물론 남에게 폐를 끼치지 않고 살아가겠다는 것이니 나쁘지 않다. 공중도덕과 예의를 지키며 살겠다는 걸 나쁘다고 할 수는 없다.

그런데 곰곰이 생각해보면 그리 유쾌하지는 않다. 좋은 건 배워야겠지만 점점 일본인의 국민성을 닮아가는 것 같아서이다.

일본인은 어려서부터 공공질서를 지키도록 귀에 못이 박이게 교육받는다. 그들의 철저한 질서 의식은 선진적이기는 하지만 다른 측면에서 보면 일종의 자기 방어이다. 누군가에게 트집잡힐 빌미를 제공하지 않기 위함이다.

한국인의 국민성은 낙천적이며 활달하다. 그런데 자꾸만 '죄송합니다'를 연발하는 사이에 좋은 국민성이 위축되는 것은 아닐까 싶어, 심히 불안하다.

하루에 사과하는 횟수만큼이라도 칭찬을 해주며 살자.

한국인의 내면 속에는 신명이 들어 있다. 사람이 원래 그렇지만, 한국인은 칭찬해주면 훨씬 더 잘하는 특성이 있다.

마음이 인색한 사람이 많다. 그런 사람은 칭찬에도 인색하다. 그만큼 마음의 여유 없이 바쁘게 살아간다는 반증이리라.

성공하려면 사람의 마음을 사로잡아야 한다. **사람의 마음을 사로잡는 비결 가운데 하나가 칭찬이다. 무심코 던진 말 한 마디가 한 사람의 인생을 바꾸기도 한다.** 칭찬 한 마디로 인해 무능한 사원이 유능해질 수도 있다.

칭찬은 에너지를 충전시켜준다. 칭찬받는 사람은 밤새 일을 해도 피곤한 줄 모른다.

"나보다 훨씬 잘하는걸."

"정말, 대단한 솜씨야."

"아주 훌륭해. 자네는 우리 회사의 보배야."

이런 말 한마디 한다고 해서 당신의 값어치가 떨어지는 것은 아니다. 그 사람보다 못난 사람이 되는 것도 아니다. 오히려 **칭찬은 당신을 빛나게 한다.** 당신이야말로 사람의 마음을 사로잡을 줄 아는 몇 안 되는 상사나 동료가 되는 것이다.

# 020

# 중앙에 앉아서 만찬을 즐겨라

세상에는 '인사이더'와 '아웃사이더'가 있다.

'아웃사이더'는 원래 국외자, 전문 지식이나 소양이 없는 문외한, 품위가 없는 사람, 경마에서 인기 없는 말을 이른다.

그러나 사회학에서는 보통 집단 안에서 따돌림을 당하거나 겉도는 사람을 말한다.

학교든 사회든 간에 이 두 집단은 분명히 존재한다. 아웃사이더의 존재도 무시할 수 없지만 이 세상을 끌어나가는 이들은 인사이더이다.

학교에서 맨 뒷자리에 앉아서 수업 시간에 만화책만 뒤적이던 친구들을 기억할 것이다. 그 친구들은 지금 무엇을 하고 있는가?

우수한 집단에는 아웃사이더들이 별로 없다. 회사의 핵심 부서라면 인사이더로 이루어져 있다고 봐야 한다.

성공은 인사이더 가운데서도 몇 사람이 하는 것이다. 성공하려면 빙빙 겉돌지 말고 중앙으로 들어가라.

오너들은 적극적인 사람을 반긴다. 많은 오너들이 20퍼센트의 직원이 열심히 일을 하면 80퍼센트의 나머지 직원을 먹여살릴 수 있다고 생각한다.

성공하려면 자신이 적극적인 사람임을 알릴 필요가 있다. 그러나 근무 시간에는 자신을 부각시킬 기회가 많지 않다. 직위에 맞게 중요한 일이 주어지기 때문이다.

기회는 만찬이다. 일은 잘 하는데 만찬을 즐길 줄 모르는 직장인이 의외로 많다. 반면 일은 잘 못하는데 만찬만 잘 즐기는 사람도 있다.

성공하고 싶다면 만찬을 즐길 줄 알아야 한다. 한쪽 구석에서 따분하게 하품이나 물고 앉아 있지 마라. 자리가 정해져 있지 않다면 중앙에 앉아라. 중앙은 회사의 핵심 인물들이 모여 있는 곳이다. 그 틈에 끼여 적당히 술도 마시고 여유 있게 만찬을 즐겨라.

친분은 술자리에서 싹튼다. 친분 있는 사람이 일까지 잘한다면 얼마나 사랑스럽겠는가?

# 021

# 수다스런 남자와 재미있는 남자

직장에서 보면 남자하고는 잘 어울리지 않고 여자들하고만 유독 잘 어울리는 남자가 있다. 이런 남자는 대개 수다스런 남자이다.

수다스런 남자는 여자 형제에게 둘러싸여 성장했거나 여성적인 기질을 갖고 있다. 이런 사람은 끊임없이 말을 한다. 소재는 주로 드라마나 연예인에 관련된 것으로 여성지에 실리는 내용들이다. 가끔씩은 인터넷이나 스포츠신문에 실린 유머를 들려주어서 폭소를 자아내기도 하는 반면, 곁에 있던 사람이 자리를 뜨면 곧바로 그 사람 흉을 보기도 한다.

재미있는 남자는 여자 직원에게 인기 있는 사람임은 물론이고 남자 직원에게까지 인기 있다. 이런 사람은 유머 감각이 뛰어나고 박식하다. 소재는 연극, 영화, 음악에서부터 운동, 정치, 경제, 사회 전반에 걸쳐서 다양하다.

여직원은 수다스런 남자와 가깝게 지내지만 호감을 갖고 있는 쪽은 재미있는 남자이다.

재미있는 남자는 어디를 가도 환영받는다. 일은 조금만 잘 해도 돋보이고, 못해도 크게 책망을 듣지 않는다. 그러나 술자리나 야유회에 빠지면 그 사람의 빈자리가 금방 티난다.

수다스런 남자는 직장을 옮기면 관계가 끊어지지만 재미있는 남자와는 직장을 옮겨도 계속 관계를 유지하려 한다. 유머스러운데다 낙천적이어서 함께 있으면 편안하기 때문이다.

성공하는 사람 중에는 재미있는 사람이 많다. 박식하다보니, 위험부담이 큰 사업이라도 그와 함께라면 잘 될 것 같은 예감이 든다.

정보화 사회에서 만남은 곧 기회이다. 만나다보면 정보를 얻게 되고, 그 정보를 활용하면 돈이 된다.

재미있는 남자가 되려면 기본적으로 네 가지를 갖춰야 한다.


첫째, 시사에 능해야 한다.

그러나 화제를 꺼내놓고 본인이 결론까지 내려서는 안 된다. 문제 제기로 충분하다. 많은 사람이 이야기에 참여할수록 재미있는 자리가 된다. 단, 지나치게 민감한 화제를 다뤄서는 안 된다. 끝이 뾰족하거나 날카로운 화제는 반드시 누군가에게 상처를 입힌다.

둘째, 유머 감각이 있어야 한다.

인터넷에 떠도는 유머를 많이 아는 것과 유머 감각이 있는 것은 다르다. 유머 감각이 있는 사람은 무슨 말을 해도 재미있다. 유머 감각을 키우려면 사물을 보는 관점을 바꿀 줄도 알아야 한다. 상식을 뒤집거나 비틀면 재미있어진다.

셋째, 낙천적이어야 한다.

말을 하다보면 실수가 따르게 마련이다. 악취미를 가진 사람은 반드시 그 실수를 꼬집는다. 하지만 그것에 연연해하면 자리가 무거워진다. 마음에 담아두지 말고 가볍게 넘길 줄 아는 낙천성이 있어야 한다.

넷째, 순발력이 있어야 한다.

큰 웃음은 준비된 상황보다 돌발 상황에서 터져나온다. 어떤 상황에 놓이더라도 순발력 있게 대처할 줄 알아야 한다.


자, 술자리나 야유회에서 변신을 꾀해보자. 처음이 중요하다.

코미디언은 그 얼굴만으로도 웃음이 터져나오게 한다. 마찬가지로 재미있다는 인식이 박히면 무슨 말을 해도 웃게 된다.

사람들은 웃을 준비가 되어 있다. 그들을 즐겁게 해줘라. 그들이 제 발로 찾아와서 중요한 정보를 제공할 것이다.

# 숙이면 올라간다

같은 부서에 자신의 능력을 떠벌리기 좋아하는 A와 겸손이 몸에 밴 B가 있다.

어느 날, A가 백만 불짜리 수출 계약을 따냈다. 그는 기쁨에 들떠서 말했다.

"여러분, 제가 지금 막 백만 불 수출 계약을 했습니다! 몇 번이나 틀어질 뻔했는데 제가 세 시간 넘게 설득해서 마침내 계약서에 도장을 찍었습니다. 축하해주세요!"

동료나 상사는 환호성을 지르며 박수를 열렬하게 쳐준다. 그러나 표정은 의외로 담담하다. 이미 A로부터 일을 추진하는 전 과정을 들었기 때문이다.

며칠 뒤, B 역시 백만 불짜리 수출 계약을 따냈다. B는 몹시 기뻤지만 부장에게 조용히 보고한다. 예상치 못했던 계약 성사라서 부장은 몹시 흥분한다.

"여러분, 오늘 B가 백만 불 수출 계약을 따냈습니다. 당사자인 B로부터 한마디 들어보겠습니다."

동료나 상사의 시선이 일제히 B에게 쏠린다. 그들은 하나같이 놀라는 표정이다.

"제가 이 계약을 성사시킬 수 있었던 것은 모두 여러분의 가르침과 배려 때문입니다. 앞으로 더욱 열심히 하겠습니다."

동료나 상사는 말없이 박수를 치지만 겸손한 그의 모습에 깊은 감명을 받는다.

한 달 뒤, B가 승진하였다. 두 사람은 똑같은 일을 했지만 간부들은 A의 계약 건은 잊어버리고 B의 것만 기억하고 있기 때문이었다.

능력 있는 사람 가운데는 거만한 사람이 많다. 그런 사람은 힘든 일을 성사시켜도 돋보이지 않는다. 그가 무언가에 성공하면 사람들은 당연시 여기고 실패하면 '잘난 체하더니 꼴 좋다!' 하고서 비웃는다.

현대는 자기 PR 시대이다. 그런데 많은 사람들이 그 뜻을 잘못 알고 있다. 자기 입으로 떠벌린다고 해서 홍보가 되는 게 아니다. 떠벌리는 것과 침묵하는 것 중 어느 쪽이 더 효과적인가를 염두에 두어야 한다.

A 역시 자기 홍보를 했다고 생각할 것이다. 하지만 그것은 잘못된 홍보였다. 제대로 된 홍보는 들려주는 것이 아니라 가슴으로 느끼게 만드는 것이기에.

**겸손한 사람은 가만히 있어도 돋보인다.** 지나친 겸손은 미덕이 아니지만 적당한 겸손은 미덕이다.

'벼는 익을수록 고개를 숙인다' 고 하듯 겸손이 몸에 배어 있는 사람에게는 어딘지 모르게 함부로 대할 수 없는 품격이 엿보인다. 그런 사람에게 호감을 갖는 것은 인지상정이다.

# 성공하는 사람의 화술 🌸

짧은 글이든 긴 글이든 간에 기, 승, 전, 결이라는 순서가 있다. 좋은 글은 순서가 제대로 지켜진 것들이다.

말에도 순서가 있다. 짧은 이야기든 긴 이야기든 간에 하나의 이야기 속에는 순서가 있게 마련이다. 화술이 뛰어난 사람은 대체적으로 순서를 잘 지킨다.

성공하는 사람과 만나 이야기를 나눠보니 그들의 화술에는 몇 가지 공통점이 있었다. 대략 열두 가지로 나눌 수 있다.

첫 번째, 적당한 시기와 분위기를 선택한다.

같은 말이라도 분위기와 장소에 따라서 마음이 달라진다. 화술이 뛰어난 사람은 직감적으로, 이런 말을 꺼내도 좋은 시기인지 적절한 장소인지를 판단해낸다. 상대방의 기분은 전혀 고려하지 않고 나의 기분만 고려해서 말을 하는 사람은 화술이 형편없는 사람이다.

두 번째, 적당한 유머를 사용한다.

유머는 마음을 느슨하게 하는 힘이 있다. 잔뜩 긴장하고 있는 사람에게 진지한 이야기를 늘어놓아봤자 먹히지 않는다. 먼저 유머로 긴장을 풀어주고 편안한 상태에서 대화를 시작한다.

세 번째, 칭찬을 한다.

본론에 들어가기 전에 먼저 칭찬을 한다. 칭찬을 듣고 나면 기분이 좋아진다. 인상 쓰고 있는 사람보다 웃고 있는 사람을 설득하는 게 한결 수월하다.

네 번째, 말을 많이 하기보다는 귀 기울여 듣는다.

뛰어난 화술은 혀에서 나오는 것이 아니라 머리에서 나오는 것이다. 화술이 뛰어난 사람은 상대방으로 하여금 말을 많이 하게끔 유도해낸다. 말은 허공에서 사라지는 게 아니다. 말 속에는 책임이 들어 있다. 말을 많이 하다보면 상대방은 귀한 시간을 뺏긴 듯한 기분이 드는데다 자기 말에 책임을 져야 하기 때문에 거절하기가 점점 어려워진다.

다섯 번째, 적절한 제스처를 취한다.

화술이 뛰어난 사람은 온몸으로 말한다. 귀 기울여 듣고, 눈빛으로 호소하고, 적절한 손짓과 몸짓으로 설득한다. 청각으로만 듣는 것보다 시각으로 보고 청각으로 들으면 쉽게 머릿속에 각인되기 때문이다.

여섯 번째, 적절하게 침묵을 이용한다.

때로는 백 마디 말보다 침묵이 효과적이다. 긴 문장을 읽다보면 호흡이 가빠지고 머릿속이 혼란스러워진다. 마찬가지로 길게 이야기하면 귀에 잘 들어오지 않는다. 좋은 문장에는 적재적소에 쉼표, 마침표, 느낌표, 물음표, 말줄임표가 있다. 대화할 때도 마찬가지다.

일곱 번째, 화가 나거나 불평을 늘어놓을 땐 말을 천천히 한다.

화가 난 사람도 말을 하다보면 흥분이 점차 가라앉는다. 그러나 대화의 속도가 빨라지면 점점 더 흥분할 수도 있다. 상대방이 속도를 늦추게끔 천천히 말을 한다.

여덟 번째, 생생한 비유를 한다.

아이들이 할아버지의 이야기를 지루해하는 것은 식상한 표현이 대부분이기 때문이다. 화술이 뛰어난 사람은 상대방의 직업이나 상대방이 처한 환경과 관련된 생생한 비유를 한다. 그래야 쉽게 납득하기 때문이다.

아홉 번째, 희망을 준다.

그것이 경제적인 이익이든 명예나 출세에 관련된 것이든 간에 희망을 주어서 마음을 움직인다.

열 번째, 인간성으로 승부한다.

말만 앞세우는 사람은 훌륭한 미사여구를 늘어놓아도 상대방을 휘어잡지 못한다. 진심으로 느껴지지 않기 때문이다. 화술이 뛰어나려면 일단 인간성이 좋아야 한다.

열한 번째, 감동을 준다.

불가능해보이는 일도 상대를 감동시키면 간단히 해결된다. 한 번 감동하면 그 사람을 영원히 잊지 못한다. 또한 감동은 물결처럼 파문을 일으켜 널리 퍼지는 효과가 있다.

열두 번째, 가장 영향력 있는 사람을 찾는다.

같은 부탁이라도 누가 하느냐에 따라 다르다. 내가 하면 쉽게 거절할 부탁도 영향력 있는 사람을 통해서 하면 거절하지 못한다. 화술이 뛰어난 사람은 영향력 있는 사람을 통해서 자신의 부탁을 한다.

# 024

# 시간은 십오 분 단위로 관리하라 🌸

로펌의 변호사는 '타임시트(time sheet)'라고 해서 15분 단위로 타임을 체크한다. 15분 단위로 시간을 잘게 쪼개서 그 시간에 무엇을 했는지 작성해 위에 보고해야 한다.

변호사의 수임료는 사건 단위나 시간 단위로 결정된다. 만약 법률 자문을 맡고 있는 A라는 회사 직원과 전화 통화를 했거나 만나서 상담을 했다면 사용 시간을 기록해둔다. 월말에 로펌의 모든 직원이 A라는 회사에다 사용한 시간을 합산해서 청구하기 위함이다.

성공은 곧 시간과의 싸움이다. 인간은 시간 속에서 살고 있기 때문에 시간 관리를 잘 하는 사람이 성공하게 되어 있다.

그물코가 크면 잔고기들이 빠져나갈 수밖에 없다. 시간 관리를 하지 않으면 엉뚱한 데다 허비하는 시간이 많을 수밖에 없다. 일 처리도 비효율적일 것은 뻔한 이치다.

방학 때가 되면 초등학생들로 하여금 시간표를 짜오게 하는 것도 시간 관리 때문이다. 학교에도 가지 않는데 시간표마저 없으면 하루종일 텔레비전을 보거나 놀이터에서 놀 게 자명하다.

시간은 잘 관리하는 것도 노하우이다. 꾸준히 관리해온 사람은 시간을 절약하는 생활이 몸에 배어 있지만, 그렇지 않은 사람은 멍한 상태에서 보내는 시간이 많다.

시간은 곧 돈이다. 돈이 자신도 모르는 사이에 통장에서 빠져나간다고 생각해보라. 얼마나 아까운가.

실패한 사람은 의사나 변호사가 너무 많은 돈을 번다고 투덜거린다. 그러나 생각해보라. 그들은 좋은 머리를 지녔고, 좋은 대학을 나온데다, 시간 관리에 대한 노하우가 있을 뿐더러 많은 시간을 일한다. 그들이 실패한 사람보다 많은 돈을 버는 것은 어찌 보면 당연하다.

성공하고 싶다면 투덜거리지 말고 시간을 관리하라. 어떤 분야에서 일을 하든 간에 시간 관리를 잘 한다면 성공할 수 있다.

15분 단위로 시간을 쪼개서 사용해보라. 그동안 얼마나 많은 시간을 허비하며 살아왔는지 깨닫게 될 것이다.

시간 관리가 몸에 배면 하루가 길어진다. 예전에는 상상조차 할 수 없었던 일을 하루 동안에 할 수 있다. 어쩌면 예전에 사흘 걸려 해왔던 일을 하루 만에 할 수도 있을 것이다.

그럼 주변에서는 당신을 달리 볼 것이다. 평판이 점점 좋아지다보면 당신이 원하든 원하지 않든 간에 성공하게 되어 있다.

# 025

# 노력은 재능을 뛰어넘는다

천재 중에는 불행하게 한평생을 살다간 이들이 적지 않다.

천재로 태어났다 하더라도 제대로 뒷받침이 되지 못한다면 기대에 대한 지나친 중압감을 이겨내지 못하고 자멸해버린다. 또한, 재능을 너무 믿은 나머지 지나치게 게으름을 피워 불행해지기도 하고, 아예 대인 관계 자체를 무시해, 한평생 손가락질을 받다가 세상을 떠나는 경우도 있다.

아무리 향기와 자태가 아름다운 꽃이라도 환경이 받쳐줘야 피어날 수 있다. 토양도 무시할 수 없고, 물도 줘야 하고, 햇빛도 쬐어야 하고, 맑은 공기도 마셔야 한다.

그러나 우리의 현실은 어떠한가? 물도 주지 않고, 햇빛도 없는 모래밭에서 아름다운 꽃이 피기를 바란다.

천재까지는 아니더라도 주변을 둘러보면 재능 있는 사람은 너무도 많다. 그러나 노력이 수반되지 않은 재능은 축복이 아니라 재앙이다. 타고난 재능으로 인해 오히려 불행해지기도 한다.

성공한 사람 중에 자신이 천재라고 주장하는 사람은 많지 않다. 그저 남들보다 조금더 노력했을 뿐이라며 겸손해한다. 그들을 만나기 전에는 천재라고 확신했던 사람도 만나서 이야기를 들어보면 생각이 바뀐다.

'천재'라고 소문난 피아니스트나 첼리스트의 연습량을 한번 보라. 입을 쩍 벌리게 된다. LPGA에서 활약하고 있는 박세리도 일반인의 상상을 뛰어넘는 강도 높은 훈련을 소화해낸다.

그렇다면 그들은 천재인가, 노력형인가?

한 가지 분명한 것은 노력이 수반되지 않는 천재는 빛을 발할 수 없다는 것이다.

우리는 아인슈타인의 말을 귀담아 들을 필요가 있다.

"나는 특별한 재능이 있었던 것은 아니다. 단지, 호기심이 왕성했을 뿐이다."

한 방면에 재능이 있다면 확실히 유리하다. 백 미터 달리기를 하는데 다른 사람보다 이삼십 미터 앞에서 달린다고 생각해보라. 우승하는 것은 그리 어렵지 않아보인다.

그러나 문제는 인생은 순식간에 끝나는 백 미터 달리기가 아니라는데 있다. 인생은 마라톤이다. 비록 몇 분 늦게 출발하였더라도 꾸준히 달리다보면 결승점에 먼저 도착할 수 있다. 그래서 성공한 사람이 자신의 성공 비결로 재능이 아닌 노력을 꼽는 건지도 모른다.

노력은 재능을 뛰어넘는다.

정년 퇴직할 때까지 소규모 업체에 다니다가 육십이 넘어서 사업을 시작해 멋지게 성공한 노사업가는 성공 비결을 묻자 이렇게 말했다.

"일에 미친 듯이 빠져들어라! 자신의 존재감마저 잊어버리고 일과 하나가 되었을 때 비로소 성공은 오랜 가뭄 끝에 내리는 빗줄기처럼 찾아온다."

## 026

# 성공한 사람에 대해서 이야기하라 🌹

세상에는 두 종류의 사람이 있다. 위를 올려다보며 사는 사람과 아래를 내려다보며 사는 사람.

제각각 장단점이 있다. 위를 올려다보며 사는 사람은 끊임없이 노력해야 하지만 훗날 그 보상을 받게 된다. 아래를 내려다보며 사는 사람은 마음은 평화스럽지만 훗날 비참한 생활을 감수해야 한다.

어디에다 눈길을 두고 세상을 살 것이냐, 하는 것은 대개 유년시절에 결정된다.

"엄마! 난 구십 점 맞았는데 영수는 백 점 맞았어!"

시험지를 들고 와서 아이가 이렇게 말했을 때, 부모가 "그래, 다음에는 꼭 백 점 받아와라!"라고 대답해주면 아이는 위를 보며 살게 된다.

"엄마! 난 칠십 점 맞았는데 진수는 육십 점 맞고 영희는 오십 점 맞았어!"

시험지를 받아와서 아이가 이렇게 말했을 때, 부모가 "그래? 그 정도라면 나쁘지 않은걸" 하고 말한다면 아이는 아래를 내려다보며 살게 된다.

위를 쳐다보며 사는 사람은 일등을 하지 못하는 한 시험을 잘 봐도 만족하지 못한다. 아래를 내려다보며 사는 사람은 꼴찌만 하지 않는

한 크게 걱정하지 않는다.

쉽게 스트레스를 받는 쪽은 위를 쳐다보며 사는 사람이지, 아래를 내려다보며 사는 사람이 아니다.

공부를 못하는 학생은 성적이 나빠도 자살하지 않는다. 설령 전교에서 꼴찌라고 해도 전국에서 꼴찌는 아닐 거라고 위안하기 때문이다. 반면, 공부를 잘 하는 학생은 열심히 공부했는데 성적이 오르지 않으면 비관해서 목숨을 끊는다.

현대 사회는 경쟁 사회이다. 어려서부터 위를 쳐다보며 살도록 교육받아왔다. 지나친 승부욕이 수많은 부작용과 질병을 불러온 것도 사실이다. 그래서 요즘에는 '느리게 살기'를 권하고 '아래를 내려다보며 살기'를 권한다.

그러나 성공하려면 위를 쳐다보고 살아야 한다. 성공한 사람은 모두 위에 있기 때문이다.

아래를 쳐다보며 사는 사람은 항상 실패한 사람에 대해서 이야기한다. 사업을 했다가 망한 친척, 사법고시에 다섯 번이나 도전했다 실패한 친구, 잘 나가다 몰락한 정치인에 대해서 침을 튀기며 늘어놓는다.

위를 쳐다보며 사는 사람은 언제나 성공한 사람에 대해서 이야기한다. 사업을 시작해서 부자가 된 친척, 사법고시에 다섯 번 도전한 끝에 성공한 친구, 몰락했다 한창 잘 나가는 정치인에 대해서 이야기한다.

아래를 쳐다보며 사는 사람은 그 주변에 실패한 사람뿐이고, 위를 쳐다보며 사는 사람은 그 주변에 성공한 사람뿐이다. 그럼 그 다음에는 어떤 사람이 성공하겠는가?

성공한 사람들 가운데는 자신이 성공했다는 사실을 모르는 사람이 많다. 전에도 열심히 달려왔고 지금도 달려가고 있기 때문이다. 그들은 의식 자체가 위로 열려 있어서 좀처럼 만족을 모른다.

당신은 어떠한가?

성공하고 싶다면 성공한 사람에 대해서 이야기하라. 누군가 반드시 실패한 사람에 대해서 이야기할 것이다. 그때는 진지하게 귀를 기울여라. 실패 원인이 그 안에 있을 것이다.

실패는 간접 체험을 통해서 하고, 성공은 직접 체험을 통해서 하라.

그러나 직접 나서서 실패한 사람에 대해서 이야기하지는 마라. 실패를 들먹이다보면 무의식중에 두려움이 쌓여 현실에 안주하게 된다.

# 027

# 기록하는 습관을 길러라

1983년 KAL기가 추락할 때 한 일본인 승객이 급박한 상황 속에서 기록을 남겨 화제가 되었다. 그런 절체절명의 상황 속에서 기록을 남긴 걸 보면 평상시의 습관이 어떠했는지를 짐작할 수 있다.

기록은 좋은 습관이다. 몸에 배기까지가 어렵지 일단 몸에 배고 나면 기록하지 않을 땐 허전하다. 기록을 하다보면 어지러운 머릿속이 정리되기도 하고, 마음이 가라앉기도 하기 때문이다.

성공한 사람들 중에는 기록하는 습관을 지닌 사람이 많다. 사십 년 동안 하루도 빠지지 않고 일기를 써온 사람도 있고, 읽은 책에 대해서는 빠짐없이 독서록을 써온 사람도 있고, 금전출납부를 오랫동안 적어온 사람도 있다.

삶의 속도는 점점 빨라지고 있다. 19세기 사람을 요즘 세상에다 옮겨놓으면 극심한 현기증을 느낄 것이다. 생각이 변화를 좇아가는 데 익숙하지 않기 때문이다. 동시대를 살아도 삶의 속도는 제각각이다. 농촌보다는 도회지의 속도가 빠르고 늙은 사람보다는 젊고 활동적인 사람의 삶이 빠르다.

현대인들의 삶은 강 상류에서 급류를 타고 하류로 내려가는 것과도 같다. 미처 돌아볼 사이도 없이 모든 것들이 흔적 없이 이내 사라져버린다. 순간순간 배우는 것도 많지만 그만큼 잊어버리는 것도 많다.

세상 모든 것들은 혜성과도 같아서 한번 스쳐가면 두 번 다시 만나기 어렵다. 삶의 속도가 느리고 공간 이동이 적었던 과거에는 재회할 확률이 높았지만 이제는 확률이 아주 낮다.

무언가를 얻고 싶다면 **기록하는 습관을 길러야 한다.** 수첩을 품안에 넣고 다니면서 영감이 떠오르거나 누군가에게 좋은 이야기를 들었다면 그 자리에서 기록하라.

책을 읽었다면 반드시 시간을 내서 감상문을 적어라. 영화를 보았다면 느낀 점을 간단히라도 적어라. 책이나 영화는 한 시대를 풍미한 장인들의 땀과 노력의 결정체이다. 보고 나서 곧바로 잊어버린다면 당신은 돈과 시간만 낭비한 셈이다.

느끼는 것도 습관이다. 같은 영화를 보고도 한 사람은 아무것도 느끼지 못하고 한 사람은 감동의 눈물을 흘린다. 사과가 나무에서 떨어지는 것을 보고도 한 사람은 아무 생각 없고 한 사람은 만유인력을 발견한다.

**감동의 눈물을 흘릴 줄 아는 사람이 감동적인 삶을 산다. 끊임없이 생각하는 사람은 언젠가는 원하던 것을 발견해낸다.**

일기는 삶을 투명하게 비추는 거울이다. 매일 일기를 써라. 거울 앞에서 자신의 하루를 비추어보라. 목표를 향해 앞으로 가고 있는지 뒷걸음질치고 있는지 알 수 있을 테니.

**반성 없는 사람은 발전도 없다.** 기록하는 습관을 길러라. 그 버릇이 어느 쪽으로 가야 빠르고 좋은지 가르쳐줄 것이다.

# 028

# 나만의 특기를 계발하라

새벽 학원가에 가보면 직장인이 참 많다. 수강생은 신입사원에서부터 오십이 넘은 간부 사원까지 다양하다.

세상이 급속도로 바뀌고 있다. 연공 서열에 의한 월급제에다 평생 직장이라는 개념이 널리 퍼져 있던 때에는 눈에 띄지 않으면 보통 사원이었다. 그런데 연봉제로 바뀌고 평생 직장이라는 개념 자체가 희미해지면서부터는 눈에 띄지 않으면 무능한 사원으로 취급받는다.

세상 한편에서는 '주 5일제다', '세상은 일 중심에서 인간 중심으로 바뀌고 있다'고 떠들어대지만 그건 어디까지나 능력 있는 사람을 위한 것이다. 한마디로 '능력 있는 당신은 돈도 더 주고 근무 조건도 개선해 줄 테니 회사에 남아서 일하고, 능력 없는 당신은 떠나라!'는 무언의 협박이다.

대학도 졸업했고, 입사도 했고, 결혼도 했으니 인생이 안정권에 접어들었다고 방심하던 수많은 사람들에게는 충격적인 선언이었다. 처음에는 상황 판단도 제대로 못하고 우왕좌왕하던 그들이 달려간 곳은 학원가이다. 예전에는 승진을 위해서 공부했지만 이제는 생존을 위해서 공부한다.

회사에서 구조 조정을 감행할 때 가장 우선순위에 오르는 사람은

'교집합'이다. 한 부서에 비슷한 특기를 지닌 직원들. 그들의 업무는 한 사람이 자리를 비우면 다른 사람이 대신하면 된다. 그래서 그들 가운데 몇 사람을 제거해도 업무에는 아무 지장이 없다.

회사에서는 한 부서에 공집합들로 구성된 직원들이 모여서 시너지 효과를 최대한 발휘해주기를 원한다. 한마디로 회사에서 꼭 필요한 인재만을 원하고 있는 실정이다.

아무리 높은 경쟁률을 뚫고 입사했다 하더라도 **주특기가 없는 사람은 도태될 수밖에 없는 상황**이다.

성공한 사람은 자신의 주특기를 살려서 한 분야에서 대가가 된 사람이다. 그들 역시 그 분야에서 살아남기 위해서 치열한 전투를 치러야 했다.

주특기 하나 없어도 적당한 학력과 적당한 상식과 적당한 머리만 있으면 살 수 있었던 세상은 끝났다. 아직 늦지 않았다. 지금부터라도 자신만의 특기를 계발하라.

십 년 넘게 했지만 회화도 제대로 못 하는 영어를 죽어라 붙잡고 있을 틈이 없다. 일찌감치 중국어로 전환한 사람, 지금은 얼마나 대접받고 있는가.

세상을 살아가는 데는 특기 하나만 있으면 충분하다. 그러나 워낙 빠르게 변화하는 세상이다보니 특기도 시대의 조류를 탈 수밖에 없다. **특기를 선택할 때는 미래가 어떤 식으로 변화할지 미리 예측해볼 필요가 있다.**

오랜 세월 공부해서 특기를 익혔는데 몇 년 써보지도 못하고 사장된다면 아깝지 않겠는가?

# 029

# 자리에 맞는 행동과 처신을 하라

일 관계로 중소기업을 방문하다보면 가끔 당황스러울 때가 있다. 말하고 행동하는 것은 사장인데 나중에 보면 말단 사원이거나, 말과 행동은 하급 관리자인데 나중에 보면 사장인 경우가 더러 있다.

아무리 직원의 자율을 존중한다고 해도 그런 회사는 일단 신뢰가 가지 않는다. 마치 사기 집단처럼 보인다.

좋은 회사는 명령 체계가 확실하다. 명함을 주고받지 않아도 대화를 잠깐 나눠보면 그가 어떤 직위에 있는 사람인지 알 수 있다.

그러나 더러 자리에 걸맞지 않게 행동하는 사람이 있다. 일에 대한 전반적인 권한을 쥐고 있는 사장이 슬쩍 밑에 사람에게 책임을 돌리는 경우도 있고, 아무런 권한이 없는 평사원이 마치 모든 걸 책임질 것처럼 일을 추진하기도 한다.

그렇게 되면 같이 일을 하는 사람은 괜히 불안해진다. 일이 틀어질 경우에 책임 추궁을 해야 하는데 누구에게 해야 할지 불분명하기 때문이다.

성공한 사람은 자신의 위치에서 해야 할 행동과 하지 말아야 할 행동을 안다. 부하 직원을 어떻게 다뤄야 하는지를 알고, 상사를 어떻게 모셔야 하는지, 거래처 직원에게는 어떻게 대해야 하는지 정확히 알고 있다.

그렇기 때문에 신뢰가 간다. 그런 사람이 언제까지 무슨 일을 해달라고 요청하면 거절할 수 없다. 그 사람의 부탁이 아니라 그 사람이 몸담고 있는 회사의 부탁이라는 생각이 먼저 들기 때문이다.

자신의 자리에 맞게 행동한다는 것은 쉽고도 어렵다. 일을 의욕적으로 처리하려다보면 직위를 뛰어넘어야 할 때도 있고, 복잡한 문제가 걸려 있는 일은 슬쩍 발뺌하고도 싶어진다.

그러나 이런저런 이유로 자신의 신분과 직위를 망각하면 신뢰를 잃는다. 그런 사람은 결정적인 순간에 믿었던 사람에게서 버림받는다. 그동안 쌓인 불신이 등을 돌리게 하는 것이다.

조금은 답답하더라도 자리에 맞게 행동하고 처신하라. 회사는 한 사람이 이끌어가는 것이 아니다. 모든 직원들이 적재적소에서 맡은 바 일을 할 때 효율성이 극대화된다.

# 030

# 효과적으로 인맥을 관리하라 🌸

얼마 전, 헤드헌팅 전문회사에서 3년차 이상의 직장인 1,122명을 대상으로 앙케트 조사를 한 적이 있다. 인맥 관계의 중요성을 묻는 질문에 96퍼센트가 중요성을 인정했으나 그 가운데 제대로 인맥 관계를 하고 있다고 대답한 사람은 34퍼센트에 불과했다.

인맥 관리가 부실한 이유에 대해서 '소극적인 성격' 때문이라고 대답한 사람이 30.5퍼센트였고, '방법을 몰라서'라고 대답한 사람이 29.3퍼센트였다.

사회 생활을 하는 데 인맥은 대단히 중요하다. 지연이나 학연만 찾다보면 조직 자체가 허술해지는 면도 있지만 적당한 인맥 형성은 오히려 조직 전체에 활력을 불어넣기도 한다.

인맥 관리를 못하는 사람은 대학 선배나 고향 선배를 봐도 아는 체를 하지 않는다. 다른 사람 눈에 아부하는 것처럼 보일까봐 우려하기 때문이다. 그러나 상대방의 입장에서 보면 괘씸할 수 있다.

명절 때 선물을 하고, 승진을 앞두고 술대접을 하는 것은 인맥 관리가 아니라 뇌물이다. 자칫하면 그 사람과의 관계를 망칠 수도 있다. 필요할 때보다 평상시에 인맥을 효과적으로 관리해야 한다.

현대인은 당당한 걸 좋아한다. 한쪽에서 너무 굽히고 들어오면 흑심을 품고 있거나, 뭔가 해줘야 할 것 같은 기분이 들기 때문에 마음이 불편하다.

**인맥 관리는 수평적으로 하는 게 좋다.** 가장 바람직한 관계는 친구이다. 인간은 자체가 외로운 동물이다. 선후배지간이라도 상명하복의 수직적 관계보다는 적당한 예의를 지키면서 수평적 관계를 유지하는 게 좋다. 취미 생활을 함께할 수 있다면 그보다 더 좋은 것은 없다.

능력 있는 선배라면 들어줘도 부담이 없을 만한 부탁을 하라. 선배는 자신의 능력을 과시하기 위해서라도 기꺼이 들어줄 것이다.

바쁜 선배라면 주저하지 말고 부탁하라. 그 선배는 바쁜 상황을 즐기는 사람이다. 눈코 뜰 새 없이 바쁜 와중에서도 잊지 않고 부탁을 들어줄 것이다.

사업을 해서 큰돈을 번 선배라면 노하우를 배워라. 그 선배가 벌어들인 것은 돈이다. 노하우는 덤으로 얻은 것이기 때문에 가까운 사람이라면 기꺼이 들려줄 것이다.

무슨 일이든 간에 그 일을 들어주다보면 부탁한 사람을 생각하게 된다. 누군가를 생각한다는 것 자체가 특별한 일이다. 특별한 관계는 서로가 서로를 생각하는 시간이 늘어나면서 형성된다.

사람을 사귄다는 것은 서로에게 좋은 것이다. 당신이 사귀었으면 하는 사람은 당신이 접근해오기를 내심 기다리고 있을지도 모른다. 그도 인맥을 관리해야 할 필요성을 느끼고 있기 때문이다.

아무리 내성적인 사람이라 해도 여러 번 만나면 친해지게 되어 있다. 그런 사람은 친구가 많지 않기 때문에 사귀기가 힘들지만 한번 사귀면 관계가 오래 유지된다. 외향적인 사람은 쉽게 사귈 수 있지만 마음을 얻는 데는 많은 시간이 걸린다.

그러나 내성적인 면만 지니고 있는 사람도 외향적인 면만 지니고 있는 사람도 없다. 내성적으로 보여도 사귀고 보면 외향적인 면이 있다거나, 외향적으로 보여도 내성적인 면이 많은 사람도 있다.

성공한 사람은 발이 넓다. 주변의 인맥을 효과적으로 관리하라.

그러기 위해서는 사람 만나는 것 자체를 즐겨야 한다. 세상의 모든 일은 사람과 사람을 통해서 이루어지는 법이다.

# 031

# 경험이나 경력을 쌓을 수 있는 기회를 잡아라 🌸

노자의 도덕경에 '상선약수(上善若水)'라는 말이 있다. '지극히 착한 것은 흐르는 물과 같다'는 뜻이다. 흐르는 물은 자체적으로 정화를 하기 때문에 깨끗하다. 흐르는 물에는 이끼가 끼지 않는다. 그러나 한 가지 일을 오래 하다보면 자신도 모르게 정체된다. 시대와 함께 흘러가야 하는데 변화를 따라가지 못한다. 고여 있다보니 조금씩 혼탁해지다가 끝내는 썩고 만다. 사람도 물과 마찬가지다. 살아남기 위해서는 쉼 없이 자기 정화를 하며 흘러가야 한다. 한곳에 안주하고 있으면 지금은 편안하겠지만 훗날 반드시 그 대가를 치러야 한다.

운동 경기에는 흐름이 있다. 명감독은 흐름을 알기 때문에 일부러 경기를 지연시키기도 하고, 경기에 일일이 개입하기도 하고, 때로는 선수의 자율에 맡기기도 한다. 성공하는 사람은 흐름을 탈 줄 안다. 정치인으로 성공하려면 시대의 조류를 탈 줄 알아야 하고, 경제인으로 성공하려면 돈의 물줄기가 어디서부터 흘러와서 어디로 흘러가는지를 알아야 한다.

세상에는 이미 지나간 뒤에 허둥거리며 쫓아가는 사람들이 꽤 많다. 남은 찌꺼기라도 건지기 위해서이다. 하지만 그들은 몇 푼의 돈을 만지는 대신 뒤치다꺼리를 도맡아야 한다.

그렇다면 성공하는 사람은 어떻게 시대의 조류를 알고 돈의 흐름을 아는가? 남들보다 신통한 재주를 타고나거나 미래를 예측하는 힘이 있어서 꿰뚫어보는 것은 아니다. 한 방면에서 경험이나 경력이 쌓이면 피부로 흐름을 감지할 수 있게 된다.

기회는 늘 우리 주변을 스쳐지나간다. 그러나 아무나 볼 수 있는 건 아니다. **간절한 마음으로 찾아 헤매는 사람에게만 보인다.** 가만히 있으면 기회가 코앞을 지나가도 그게 기회인지조차 모른다. 위기도 잘만 활용하면 기회가 된다. 영웅은 난세에 나고, 부자는 급변기에 태어난다. 변신할 수 있는 기회가 찾아오면 코앞의 이익에 연연해서는 안 된다.

영업을 우선으로 치는 회사에서는 관리직 사원도 짧게는 일 년, 길게는 칠팔 년씩 영업직으로 내보낸다. 이 기간 동안에 그 사람의 능력이 드러난다. 성공할 자질을 갖춘 사람은 영업인으로도 성공하지만, 편하고 안정된 삶만 추구하는 사람은 이 기간을 견뎌내지 못해 사직하거나 허송 세월만 보내다가 도태되고 만다.

성공은 맨손으로 잡는 것이 아니다. 곤충채집을 할 때 잠자리채가 있으면 쉽게 채집할 수 있듯이 성공도 마찬가지다. 경험이나 경력은 성공을 잡을 수 있는 일종의 잠자리채라 할 수 있다. **성공하고 싶으면 경험이나 경력을 쌓아라.** 눈 부릅뜨고 찾아보면 반드시 경험이나 경력을 쌓을 수 있는 좋은 기회가 보인다.

경쟁자가 파리떼처럼 달라붙더라도 놓치지 마라. 그동안 쌓아놓은 인맥을 총동원하고 능력을 발휘해서 그 기회를 꽉 움켜쥐어라. 몇 번의 기회가 인생을 실패로 이끌기도 하고 성공으로 이끌기도 한다.

## 032

# 생각을 바꾸면 통찰력이 키워진다

'나비효과'란 게 있다.

서울에서 나비 한 마리가 날갯짓을 하면 다음달쯤 미국에서 태풍이 일어날 수 있다는 기상학적 연구에서 비롯된 말이다.

이 용어를 처음 사용한 사람은 미국의 기상학자 에드워드 로렌츠로 그는 1979년 '브라질에서 나는 나비의 날갯짓이 텍사스 주에서 발생한 토네이도의 원인이 될 수 있을까?'라는 논문을 발표하였다.

로렌츠는 '현대 과학은 천체 운동과 로켓 운동은 정확히 예측하면서, 날씨의 변화만은 왜 정확히 예측하지 못하는가?'라는 의문을 품고 있었다. 그는 컴퓨터를 통해서 실험을 하였는데, 날씨는 끊임없이 불규칙적으로 변화하고 있기 때문에 일주일 뒤의 날씨를 정확히 예측하는 것은 불가능하다고 결론지었다.

'나비효과'가 좀더 발전한 것이 카오스 이론이다.

현대인의 생활을 돌아보면 '카오스적'인 것과 '비카오스적'인 것으로 둘러싸여 있다. 시계추는 진동이 주기적으로 반복되므로 예측 가능하니 '비카오스적'인 것이지만, 주가의 변동 같은 것은 예측 불가능하기 때문에 '카오스적'이다.

성공하는 사람 가운데는 '카오스적'인 것을 예측한 사람이 많다. 그래서 흔히들 '성공하려면 노력 못지않게 운도 따라야 한다'고 말하는 건지도 모른다.

그러나 누가 과연 이런 걸 예측할 수 있겠는가?

'서울의 나비가 꽃잎에 앉아 있지 않고 날갯짓을 해서 대기가 불안정해진다. 대기의 흔들림이 점점 강해져서 많은 것들이 흔들리고 결국은 미국에서 토네이도가 발생한다.'

일반인이라면 이런 생각 자체를 거부할 것이다. 하지만 발명이란 것은 상상을 통해서 현실화된다. 무언가를 발명하려면 통찰력이 있어야 한다.

통찰력이 있는 사람은 나뭇잎 사이로 보이는 귀만 보고도 기린임을 알아내고, 코끼리 귀를 보고 꼬리의 모양을 알아맞힌다. 즉, 부분을 보고 전체를 알아맞히고 한 부분만 보고도 다른 부분을 알아맞힐 수 있다.

통찰력은 노력하면 키워진다. 보통 사람과 똑같은 생각을 해서는 보통 사람 이상으로 성공하기는 힘들다. 발상의 전환이 필요하다.

작은 변화일지라도 눈여겨볼 필요가 있다. 예를 들어, 채팅에 빠진 조카를 보며 한심하다고 혀만 차서는 발전이 없다. 생각을 바꾸면 좀더 많은 것들이 떠오른다. 채팅에 빠진 아이들로 인해 제3차 세계대전이 일어나리라는 것을 예측한다는 것은 불가능할지라도, 아바타를 만들어 팔면 돈이 되리라는 것쯤은 예측할 수 있다.

남북 관계가 악화되면 불안해진 사람들이 주식을 내다 판다. 이때를 틈타서 오히려 주식을 사들이는 사람들이 있다. 조만간 관계가 개선되면 다시 주식이 오르리라는 것을 예측하기 때문이다.

빌 게이츠는 1973년 미국의 명문대 하버드에 입학했다. 그러나 그는 조만간 가정이나 직장에서 슈퍼컴퓨터가 아닌 개인용 컴퓨터를 사용하게 될 것을 예견하고 학업을 중단하여, 1975년 폴 앨런과 함께 마이크로소프트사를 세웠다.

생각을 조금만 바꿔도 많은 것이 보인다. 굳어버린 관념을 제거하고 새로운 시선으로 세상을 보라.

기회가 눈앞으로 느릿느릿 지나가는 게 보일 것이다.

# 033

# 내면에 잠들어 있는 리더십을 깨워라

3년 전 직장에서 명예 퇴직을 하고 전 재산을 투자해서 레스토랑을 시작한 C가 있다.

회계학을 전공한 그는 15년의 직장 생활 동안 경리과에서만 근무했다. 그가 처음 점포를 얻어서 레스토랑을 하겠다고 했을 때 주변 사람들은 그를 만류했다. 레스토랑은 서비스업이기 때문에 맛보다도 종업원의 친절 등으로 인해 성패가 좌우되는 경향이 있고 점포를 얻어서 시작하는 창업 실패율이 79퍼센트에 달하는데 그가 과연 수많은 종업원을 능수 능란하게 다룰 수 있을지 심히 우려스러웠기 때문이다.

처음 얼마 동안은 고전했으나 그는 점점 잘 해냈다. 음식이 맛있는데다 종업원이 친절하다고 소문난 때문이었다. 일 년에 하나씩 지점을 늘려나가는가 싶더니 급기야는 강남에 고급 레스토랑을 열었다.

이제 주변 사람들은 입을 모아 그의 뛰어난 상술과 함께 리더십을 칭찬한다. 그토록 뛰어난 상술과 리더십을 지니고 있었으면서 어떻게 15년 동안 경리 업무만 봤는지 의아해한다.

리더십은 어려서부터 길러주는 게 이상적이다. 그러나 현실은 그렇지 못하다. 교과 성적 위주이다보니 C처럼 리더십이 내면에 묻혀 있는 경우가 허다하다.

인간은 환경에 좌우되는 동물이다. 새로운 환경이 주어지기 전까지는 그 사람에게 어떤 재능이 있는지 정확히 알아내기 어렵다.

리더십도 마찬가지다. 막내로 자라나 말단 사원으로 근무하다보면 리더십을 발휘할 기회가 없다. 거기다가 대다수의 한국인이 스스로의 성격을 내성적이라고 규정짓는 경향이 있기 때문에 더더욱 발굴해내기가 어렵다.

그러나 한국인은 내성적이냐 외향적이냐를 떠나서 뛰어난 리더십을 지니고 있다. 왜냐하면 알게 모르게 동양의 유교 사상에 젖어 있기 때문이다. 유교 사상은 자신의 이익보다는 대의를 먼저 생각하도록 유도하고, 봉사와 희생 정신을 강요한다.

대의와 봉사와 희생정신, 이것들이야말로 리더가 갖춰야 할 기본 자질이다.

성공하기 전에 만났던 사람을 성공한 뒤에 다시 만나보면 예전과 많이 달라진 것을 느끼게 된다. 경제적으로 여유가 생기면서 마음의 여유가 생긴 때문이겠지만 가장 큰 이유는 리더십이다.

예전에는 앞에 나서는 걸 싫어했던 사람도 성공하고 나면 앞에 나서는 걸 주저하지 않는다. 그것은 바로 내면에 잠들어 있는 리더십을 깨웠기 때문이다.

직장 생활을 하든, 사업을 하든 간에 리더십은 성공의 필수 요건이다. 처음부터 완벽한 리더십을 갖고 태어난 사람은 없다. 리더십은 미완성이다. 완벽해보이는 리더는 더 많은 인내와 끈기를 갖고 노력하는 것뿐이다.

어떤 모임이든 간에 많은 사람을 알고 있고, 또 그 모임을 주도하는 사람이 있다. 그런 사람은 대부분 회장이 아닌 총무이다. 성격이 활달하고 사교적이라고 해서 리더십이 뛰어난 것은 아니다.

학창 시절에 한 번도 회장이나 반장, 부반장을 해본 적이 없다고 해서 실망할 필요는 없다. 먼저 훌륭한 리더가 될 수 있다는 자신감이 필요하다. 리더라고 해서 반드시 남들보다 운동을 잘해야 하거나 말을 잘 해야 한다는 법은 없다.

삼국지의 유비를 보라. 칼싸움을 잘 하지도 못하고, 장비보다 호탕하지도 않고 관우보다 인품이 뛰어난 것도 아니다. 또한 제갈공명처럼 머리가 좋은 것도 아니다. 하지만 그가 리더 아닌가.

훌륭한 리더가 되면 해야 할 일을 정확히 알아야 한다. 그런 다음 맡은 일을 해낼 수 있다는 자신감을 가져야 한다. 말을 하지 않더라도 리더가 불안한 마음을 갖고 있으면 모두들 불안해한다. 몸짓이나 눈빛을 통해 불안감이 전염병처럼 소리 없이 퍼져나가기 때문이다.

현대에 와서 뛰어난 리더로서 재평가받고 있는 사람 가운데 한 명이 어니스트 섀클턴 경이다.

1914년 8월, 섀클턴은 스물일곱 명의 대원을 이끌고 인듀어런스 호에 몸을 실은 채 영국을 떠나 남극 탐험에 나선다. 그러나 나무로 제작된 배는 얼음에 갇혀 난파되고 만다. 그때부터 상상을 초월한 귀환 전쟁이 시작된다. 생존 자체가 힘겨운 극한 상황이었지만 섀클턴은 침착하게 이들을 지휘한다. 결국 섀클턴은 스물일곱 명의 대원과 함께 수많은 난관을 극복하고, 이 년 만에 무사히 귀환한다.

불가능해보이는 일을 가능케 한 것은 섀클턴의 자신감이었다. 그의 자신감은 곧 대원들의 자신감이 되었다. 섀클턴에게 반드시 살아서 돌아갈 수 있다는 자신감이 없었더라면 그를 따르던 스물일곱 명의 대원들은 뿔뿔이 흩어져 남극의 얼음 속에 갇힌 채 생을 마감했으리라.

훌륭한 리더가 되는 데 부족한 지식이나 상식은 공부하면 된다. 리더로서의 경험은 이제부터라도 쌓으면 된다. 단, 세 가지만 명심하고 있으면 당신도 훌륭한 리더가 될 수 있다.

첫째, 책임감이 있어야 한다.

둘째, 개인의 이익보다는 전체의 이익을 생각해야 한다.

셋째, 희생 정신이 있어야 한다.

이 세 가지를 명심하고 지켜나간다면 리더에 대한 신뢰는 덤으로 따라붙을 것이다.

# 034

# 아껴야 할 돈과 아끼지 말아야 할 돈 🌹

K라는 친구가 있다.

이 친구는 집안이 괜찮아서 어려서부터 돈을 잘 썼다. 물처럼 펑펑 쓴 것은 아니지만 돈에 대해서는 별다른 어려움 없이 살았다. 결혼할 때는 집에서 아파트를 한 채 사주었고, 대기업에 근무하고 있어서 경제적인 어려움도 모르고 살아가고 있다.

L이라는 친구가 있다.

이 친구는 똥구멍이 찢어지게 가난한 집안에서 팔 남매 중 여섯째로 태어났다. 중ㆍ고등학교에 다닐 때는 학비를 못 내서 수시로 교무실로 불려다녔고, 대학 다닐 때는 학비를 벌기 위해서 공사판을 들락거렸다. 졸업 후 K와 함께 대기업에 입사했지만 신혼 생활은 단칸 전세방에서 시작했다.

K는 현재의 생활에 만족했지만 L은 더 큰 성공을 꿈꾸었다. K가 퇴근 후 동료들과 볼링장이나 당구장으로 몰려다닐 때 L은 외국어학원에 다니며 계속 공부했다.

서른이 되었을 때, L은 직장을 그만두고 뒤늦게 유학을 떠났다. 전세금을 빼서 아내와 함께 유학을 떠나는 그를 보고 K는 혀를 찼다. 돈이 썩어났다고. 비싼 돈 들여 학위 하나 따서 뭣하겠다는 건지 이해할 수 없다고.

L은 아랑곳하지 않고 미국으로 떠났다. 6년 동안 법학을 공부한 그는 국제 변호사가 되어 돌아왔고, 지금은 M&A 전문 변호사로 활동하고 있다. 반면 K는 언제 해고될지 모르는 불안 속에서 하루하루를 지내고 있다.

돈은 벌기도 어렵지만 제대로 쓰기도 어렵다. 그래서 선진국에서는 어렸을 때부터 효과적인 경제 활동을 가르친다.

한국인이 돈을 대하는 태도는 크게 세 가지이다. 말끝마다 돈을 달고 살면서 돈을 벌기 위해 혈안이 되어 있는 사람, 돈 앞에서 지나치게 태연한 사람, 그 중간인 사람.

돈을 천시하거나 무시하는 사람은 위선자처럼 보이고, 돈에 혈안이 되어 있는 사람은 왠지 비열해보인다.

돈은 쓰기 위해서 버는 것이다. 과소비나 쓸데없는 곳에 돈을 쓰는 행위는 지양해야 하지만 지나치게 절약하면 생활에 윤기가 사라진다.

물론 소중한 게 돈이지만 아끼지 말아야 할 때가 있다.

첫째, 능력 계발과 유학 등 미래에 대한 투자이다.

미끼 값을 아까워하면 낚시를 할 자격이 없다. 제대로 미끼도 끼우지 않고서 고기가 잡히기를 바란다면 그는 현실과 동떨어진 몽상가일 뿐이다.

둘째, 건강에 대한 투자이다.

젊고 의욕적인 사람일수록 건강에 대해서 방심하기 쉽다. 운동도 하지 않고 정기 검진도 받지 않다가 뒤늦게 몸에 이상을 발견하는 사람이 적지 않다. 운동도 적성과 취향에 맞아야 즐겁게 할 수 있다. 시간도 부족하고 돈도 부족하다는 이유로 운동하기를 망설여서는 성공할 수 없다. 성공하는 사람은 운동을 하면서도 사람을 사귄다.

셋째, 배우자에 대한 투자이다.

아내의 생일이나 결혼기념일을 그냥 지나치는 것은 한겨울을 난로 하나 없이 나려는 것이나 다름없다. 돈이 아깝다면 아이디어를 발휘하라. 돈을 적게 쓰고 아내를 더 행복하게 해줄 수 있다면 그보다 더 좋은 건 없다.

넷째, 세미나나 모임 참석에 드는 비용이다.

파티 문화나 세미나가 일반화되어 있지 않은 한국 사회에서 모임은 그리 많지 않다. 동창회 모임도 고작해야 일 년에 몇 번뿐이다. 참석해 봤자 잘 나가는 놈들의 잘난 체하는 이야기만 귀가 아프게 들을 수도 있다. 돈과 시간을 낭비한다는 느낌이 들겠지만 그래도 빠지지 말고 참석하라. 그래야 시대에 대한 정확한 감각이 생긴다. 시대 감각은 때로는 자극이 되기도 하고, 좋은 아이디어를 생산하기도 한다.

# 035

## 부자가 되려면 시스템을 구축하라

현대에 와서 자동화 시스템은 필수가 되었다. 예전처럼 수동 생산은 인건비도 많이 들고 생산력에도 한계가 있기 때문이다. 초반에 설비 비용이 많이 들지만 일단 자동화 시스템을 구축해놓으면 생산비용이 절감된다.

부자가 되는 길도 마찬가지다. 아무리 월급을 많이 받아도 월급만 모아서는 결코 부자가 될 수 없다. 팔짱 끼고 있어도 돈이 들어오게끔 시스템을 구축해야 한다.

부자가 된 사람들은 하나같이 뛰어난 시스템을 갖고 있다. 그럼 시스템을 갖추기 위해서는 무엇이 필요한가?

첫째, 자본이 있어야 한다.

감을 따려면 장대가 있어야 하듯 투자를 하려면 자본이 있어야 한다. 일단 종자돈 마련이 급선무이다.

둘째, 정보를 선점해야 한다.

신문이나 방송을 통해서 정보를 얻었을 때는 이미 늦은 것이다. 남들보다 한 발 빠르게 정보를 얻어야 한다. 그러기 위해서는 그 방면에서 일하는 전문가들을 알아둘 필요가 있다.

셋째, 안목이 뛰어나야 한다.

세상은 늘 변화한다. 시대 변화를 읽을 수 있는 안목이 있어야 한다. 무슨 사업이 전망이 있을지 잘 모르겠다면 한국보다 한 발 앞선 일본을 여행하거나 싱가포르, 홍콩, 대만 같은 나라를 여행해볼 필요가 있다. 수박 겉핥기 식의 여행이 아니라 그 나라의 경제 흐름을 알 수 있게끔 구석구석 돌아본다면 많은 도움이 될 것이다.

그럼 한국의 부자들은 어떤 시스템을 구축하고 있는가?

첫째, 부동산에 투자한다.

아파트나 상가, 오피스텔, 토지를 구매해서 월세나 임대료를 받거나 시세 차익을 남긴다. 정보를 선점하기 위해서는 여러 방면의 전문가를 사귀어둘 필요가 있다. 부동산 투자는 경쟁이 치열한 만큼 정보에서 승부가 갈리게 된다.

둘째, 가게를 운영한다.

부자가 가게를 운영하는 방법은 두 가지이다. 첫째는 자신이 직접 운영하는 것이고, 둘째는 동업이다. 비교적 손이 덜 가는 사업은 자신이 직접 운영하고, 사람을 많이 다뤄야 하고 손이 많이 가는 일은 성실한 동업자를 구해서 함께한다. 돈을 벌고 싶어하는 친인척이나 친구를 적절하게 활용하는 것이다. 그러나 동업을 해도 돈만 투자할 뿐, 가게에서 함께 일을 하지는 않는다. 가게에서 하루종일 일을 하게 되면 시스템 전체를 관리할 수 없기 때문이다.

셋째, 주식에 투자한다.

부자는 많은 돈을 주식에 투자하지 않는다. 왜냐하면 원금을 까먹는 일을 죽기보다 싫어하기 때문이다. 따라서 투자 경향도 위험 부담이 높은 곳보다는 수익이 다소 떨어지더라도 안정적인 곳에 투자한다. 은행에 돈을 넣어두는 것보다 수익이 높으면 만족하기 때문이다.

넷째, 자신의 일을 갖고 있다.

다른 시스템이 마비되어도 일정한 수익을 올릴 수 있는 사업체를 운영하거나 직업을 갖고 있다. 일반인들은 부자들이 빈둥거린다고 잘못 생각하고 있다. 졸부가 아닌 이상 빈둥거리는 부자는 드물다. 부자는 월급쟁이보다 부지런하다. 항상 돈에 대해 생각하면서 많은 일을 하고, 효과적인 시스템을 구축하기 위해서 노력한다.

부자가 되고 싶은가?

그렇다면 이제부터라도 시스템을 구축하라. 시스템을 구축할 자본이 없다면 저작권이나 특허권에 관심을 가져라. 인세를 받거나 특허 사용료를 받는 것도 시스템의 일종이다.

하나의 시스템이 원활하게 돌아가면 다른 시스템을 가동시켜라. 혼자서 관리하기 힘들 정도로 시스템의 숫자가 늘어나면 통합을 시도하라. 그쯤 되면 당신은 부자의 대열에 끼어 있을 것이다.

## 036

# 책을 안 읽는 사람은 진화를 포기한 사람이다 🌷

일본의 고이즈미 총리는 "책을 읽고 사물을 생각하는 사람과 그렇지 않은 사람은 얼굴에 분명한 차이가 있다"고 했다.

길을 걸으면서 사람들의 얼굴을 보고 맞춰보라. 주변 사람들의 얼굴을 유심히 살펴보라. 누가 책을 읽고 사물을 생각하는 사람인지.

책을 많이 읽은 사람에게서는 품격이 느껴진다. 아무 말을 하지 않고 있어도 얼굴과 몸짓에서 삶의 깊이가 느껴진다. 책을 전혀 읽지 않은 사람은 고급스런 옷을 입고 있어도 왠지 가볍고 경박해보인다.

인류의 역사는 길다. 고작 백 년을 사는 인간이 우주의 생성 과정에서부터 현재에 이르기까지의 전 과정을 체험해볼 수는 없다. 그러나 책을 통하면 간접 체험이 가능하다. 내가 어떻게 해서 여기 서 있는지를 가늠해볼 수 있다.

진화론에 의존하여 인간이 계속 진화되어왔다고 가정한다면 인간은 지금도 진화하고 있는 중이다. 그 진화를 가능케 하는 것이 책과 같은 지식의 전달체이다.

한 사람이 읽은 책은 그가 죽음으로써 사라지는 것이 아니다. 유전자 속에 지식이 새겨지고 그 유전자는 다시 자식을 통해 전달된다. 그래서 갈수록 현명한 인류가 탄생하는 것이다.

훗날 과학이 발달하면 인간은 음식물을 섭취하듯이 방대한 지식을 캡슐 속에 담아서 섭취하게 될지도 모른다. 하지만 그것은 아직 먼 이야기이다.

한국 직장인의 한 달 평균 독서량은 한 권에서 세 권이다. 그러나 성공하는 사람은 일반인보다 훨씬 많은 책을 읽는다.

일반인들은 독서를 통해 순간적인 카타르시스를 느끼거나 지적 유희를 즐기는 반면, 성공하는 사람은 독서를 통해 얻은 것들을 현실 속에서 적절히 활용한다. 대화를 할 때 활용하기도 하고, 일상생활 속으로 끌어들일 수 있는 부분은 최대한 끄집어낸다.

현대인은 텔레비전과 컴퓨터 앞에서 많은 시간을 보낸다. 잘만 이용하면 좋은 문명의 도구이지만 현실은 그렇지 못하다. 주로 무료한 시간을 흘려보내는 데 사용될 뿐이다.

성공한 사람 가운데는 컴퓨터 계통에 있거나 연예인이 아닌 한 컴퓨터나 텔레비전을 즐기는 사람은 없다. 그들은 남는 시간에 여러 방면의 책을 읽는다.

학교는 오래 전에 졸업했지만 계속 공부를 한다. 그래서 대화를 나눠보면 블랙홀 속으로 빨려들어가듯 그 사람에게 끌리게 된다. 그것이 우주든, 자연이든, 소설 속의 가상 상황이든 간에 자신의 전공 분야를 떠나서 이야기를 하면 다시 보일 수밖에 없다.

책은 때론 현실의 축소판이고 현실의 확대판이다. 그러나 많은 사람들은 책과 현실은 별개의 것이라고 생각한다.

　성공하려면 책을 적절히 활용할 줄 알아야 한다. 혼자서 공부하면 십 년은 해야 알게 될 것을 단 사흘 만에 알게 해주니 얼마나 고마운 일인가. 단돈 만 원으로 지구 저편의 전문가를 만나게 해주니 얼마나 편리한가.

　책을 읽고 계속 진화해나가라. 정보화 시대에서의 성공은 진화한 사람들의 몫이다.

## 037

# 승자가 될 것이냐, 패자가 될 것이냐 🌸

이야기 하나.

A라는 어린이와 B라는 어린이가 있다.

A는 돼지 저금통을 갖고 있고, B는 돼지 저금통이 없다. A는 동전이 있으면 저금을 하고, B는 동전을 모아서 사용한다.

작은 습관이지만 A는 B보다 성공할 가능성이 높다. 자식이 성공하기를 바란다면 지금 당장 저축하는 습관을 기르게 하라.

이야기 둘.

C가 친구와 만나기로 약속을 했다. 약속 장소로 가는데 버스가 늦게 왔다. C는 약속 시간을 어겼다.

"미안하다. 오늘따라 버스가 늦게 오는 바람에……."

D가 친구와 만나기로 약속을 했다. 약속 장소로 가는데 버스가 늦게 왔다. D는 약속 시간을 어겼다.

"미안하다. 내가 좀더 서둘렀어야 하는데……."

일상에서 흔히 보는 풍경이지만 D는 C보다 성공할 가능성이 높다. 버스는 늦게 올 수도 있고, 빨리 올 수도 있다. 버스를 탓하는 사람은 나중에 '도로가 정체되어서', '안개 때문에 비행기 이륙 시간이 늦어져서'라고 변명하게 된다.

늦은 이유를 자신의 게으름 탓으로 돌릴 줄 알아야 발전한다. 그는 두 번 다시 같은 실수를 반복하지 않기 위해서 노력할 것이다.

성공하는 사람과 실패하는 사람은 아주 작은 차이에서 엇갈린다. 성공하기 위해서는 평상시의 생활 습관이 중요하다.

영국의 낭만주의 시인 바이런은 "자고 일어나니 유명해졌다"고 했지만 그것은 어디까지나 상징일 뿐, 하루아침에 성공할 수는 없다.

성공을 하겠다는 각오, 성공을 향한 치밀한 계획, 성공을 향한 자기 혁신, 성공을 향한 부단한 노력 등 수많은 것들이 하나가 되었을 때 비로소 성공이라는 문턱을 넘을 수 있다.

아무리 몸에 좋은 약이 눈앞에 있어도 복용하지 않으면 소용이 없다. 성공을 위한 훌륭한 조언을 들었다 하더라도 실천하지 않으면 소용이 없다.

다음 장을 읽기 전에 눈을 감고 스스로에게 물어보자.

"인생의 승자가 될 것이냐, 패자가 될 것이냐?"

머릿속이 어지럽고 확신이 서지 않는다면 책을 덮어라. 마음의 준비가 될 때까지 읽기를 미뤄두어라. 실천하지 않는다면 이 책에 나온 내용은 한낱 잔소리에 불과하다.

성공을 향한 확신이 섰다면 다음 장을 펼쳐라. 당신은 성공을 향해 점점 다가서고 있다.

나를 변화시키는 좋은 습관

제3장
성공을 향한 선택

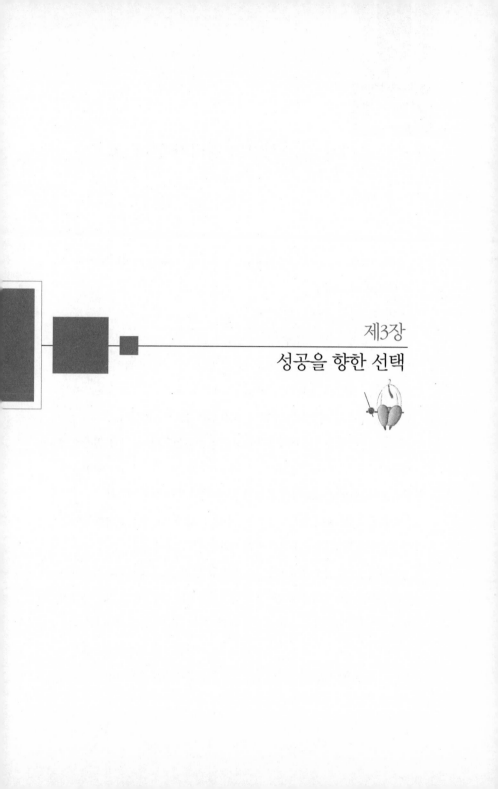

# 038

## 재치와 유머가 있는 사람이 리더가 된다

원시 시대에는 힘이 강한 사람이 리더였다. 사냥을 할 때 가장 큰 공을 세우기 때문이다.

현대의 리더는 어떤 사람일까?

백 명이 있다고 가정하자. 그 속에서 한 명의 리더를 뽑아야 한다. 일을 추진하는 능력이 서로 엇비슷하다면 어떤 사람이 뽑히겠는가? 거기에 대한 해답은 초등학교 반장 선거나 회장 선거를 들여다보면 알 수 있다. 조건이 비슷한 경우라면 인기 있는 아이가 뽑힌다.

그렇다면 그 아이는 어떻게 인기를 얻게 되었을까? 성격이 원만하기 때문이기도 하겠지만 재치와 유머가 있기 때문이다. 그래서 아이들의 연설문에 약방에 감초처럼 빠지지 않는 것이 우스갯소리이다.

CEO들 가운데는 엄숙해보이는 사람이 많다. 그러나 엄숙해보이는 사람일수록 가까이서 대해보면 재치와 유머가 뛰어나다.

어떻게 보면 엄숙과 유머는 동전의 양면 같은 것, 엄숙함만 갖고서는 아랫사람을 제대로 부릴 수 없다. 엄할 때는 서릿발같지만 자상할 때는 봄볕같다는 인식이 박혀야만 아랫사람이 능력을 발휘하게 된다.

회사나 사회에서 능력을 인정받고 있는 사람 가운데 의외로 재치나 유머가 부족한 사람이 많다. 항상 긴장해 있다보니 강약 조절을 못하기 때문이다. 그 밑에서 일하는 사람들은 숨조차 제대로 쉬지 못한다. 보이지 않는 불평 불만이 쌓일 수밖에 없다.

프로 선수들은 운동할 때 강약 조절을 한다. 하루 강하게 운동했으면 다음날은 가볍게 운동하는 식이다. 그래야 부상을 입지 않고 운동 효과를 극대화할 수 있다.

일도 마찬가지로 강약 조절을 해야 한다. 계속해서 강하게만 밀어붙이면 능률도 떨어지고 심신도 금방 지친다. 엄숙한 사람은 약간의 재치나 유머만 발휘해도 주변 분위기가 한순간에 바뀐다.

일을 재촉하는 것 못지않게 일의 강약 조절은 중요하다. 쥘 때는 쥐고 풀어줄 때는 풀어줄 줄 알아야만 제대로 된 리더이다. 그러기 위해서 반드시 필요한 것이 재치와 유머이다.

## 성공하는 사람은 재치와 유머가 뛰어나다.

정치라면 전 국민이 이를 가는 나라에서 김영삼 씨나 김대중 씨가 그토록 오랫동안 정치 활동을 하며 꾸준한 사랑을 받을 수 있었던 것은 재치와 유머를 잃지 않았기 때문이다.

재치나 유머는 타고나는 것이 아니다. 그러니 코미디언 정도는 아닐지라도 누구든 노력하면 주변 사람들로 하여금 웃음이 터져나오게끔은 할 수 있다.

청춘 남녀가 만나서 쉽게 사랑에 빠지는 이유도 웃음 때문이다. 별 것도 아닌 일로 웃다보면 그 사람이 좋아진다. 그것이 바로 인간의 본성이다.

아무리 엄숙한 상황이라도 재치와 유머를 잃지 마라. 그것들이야말로 당신이 진정한 리더라는 증거이니까.

# 039

## 열정은 성공의 열쇠이다

성공에 관한 수많은 비결 가운데 단 하나만 꼽으라고 할 때 성공한 사람들이 주저없이 선택하는 것이 열정이다. 열정이야말로 성공의 비밀이요, 성공의 결정체이다.

그러나 열정은 노력한다고 해서 생기는 것이 아니다. 열정은 인위적이라기보다는 자연 발생적이다. 꽃나무에 꽃이 피고 과일나무에 열매가 맺히려면 여러 조건이 갖춰져야 하듯이 열정이 생기려면 최소한 네가지 조건이 갖춰져야 한다.

하나, 성공에 대한 확신이 있어야 한다.

'이길 수 있다!'고 확신하는 사람과 '이길 수 있을까?'라고 회의하는 사람이 시합을 한다면 승리할 확률은 전자가 훨씬 높다. 확신이 없으면 몸이 제대로 움직여주지 않는다. 반면 확신이 있으면 컨디션도 좋아져 실력 이상을 발휘하기도 한다. 성공에 대한 확신이 있어야 열정이 생긴다. 마음속에서 자꾸만 '성공할 수 있을까?', '아냐! 난 어쩌면 괜한 짓을 하고 있는 건지도 몰라!'라며 자꾸만 브레이크를 걸어서는 일에 대한 열정이 생길 수 없다.

둘, 적성에 맞아야 한다.

아무리 노력해도 지겨운 일이 있다. 온갖 수단을 동원해보아도 열정이 생기지 않는다면 적성에 맞지 않는 일이다. 지금 당장 방향을 틀어라. 인생은 헛된 곳에다 시간을 낭비해도 좋을 만큼 길지 않다.

성공하는 사람은 누가 시키지 않아도 자발적으로 밤을 새워서 일을 한다. 심지어는 사랑하는 사람과의 만남마저 미루고서 일에 몰두한다. 성공은 의지만으로는 이루어지지 않는다. 일에 대한 애정 없이는 불가능하다. 애정은 적성에 맞을 때 생기고, 애정이 생겨야 열정이 생긴다.

셋, 한계점을 뛰어넘는 재능이 있어야 한다.

앞장에서 언급했듯이 노력은 재능을 뛰어넘는다. 그러나 재능을 겸비하고도 똑같이 노력하는 사람을 뛰어넘을 수는 없다.

적성에도 맞고 재능도 있어서 남들보다 잘하는데 더이상 발전하지 못하는 사람이 있다. 특히 스포츠나 예술 분야 쪽에 이런 사람이 많다. 왜냐하면 한계점을 뛰어넘을 만큼 재능이 특출나지 못하기 때문이다.

축구 선수를 예로 들어보자.

초등학교, 중학교, 고등학교 때까지 계속해서 학교에서 센터포드만 맡았던 축구 선수가 있다. 그의 재능은 일찍이 자신뿐만 아니라 주변 사람들도 인정했다.

그러나 그는 대학 진학에 실패했고, 실업팀에 들어가려 했지만 받아주지 않았다. 주변의 칭찬과 시선을 온몸으로 받았던 초창기, 그의 열정은 태양처럼 뜨거웠다. 성공에 대한 확신도 있었으나 한계에 부딪쳤다. 이제 그의 열정은 점차 식어가기 시작할 것이고, 얼음처럼 차가워지는 것은 시간 문제이다.

성공은 높이뛰기와 같다. 처음에는 바가 낮기 때문에 어느 정도의 재능과 노력만 있으면 뛰어넘을 수 있다. 그러다 바는 점점 높이 올라

가고 많은 사람들이 바를 떨어뜨려 탈락하고 만다. 어느 정도의 시간이 흐르고 나면 세상 사람들이 인정하는 '성공의 높이'를 뛰어넘은 사람은 고작 몇 사람에 불과하다. 그러나 그들은 더 높이 뛰기 위해서 안달한다.

한계점을 뛰어넘는 재능을 갖고 있는지, 그저 단순한 재능일 뿐인지 구별하기는 어렵다. 처음에는 그다지 재능이 뛰어나보이지 않았던 사람이 부단한 노력을 해서 특출난 재능을 보이기도 하고, 특출한 재능을 지닌 것 같았던 사람이 시간이 흘러 평범한 재능으로 전락하기도 한다.

오랫동안 외길을 걸어왔는데 전혀 그 방면에서 빛을 보지 못했다면 한계점을 뛰어넘는 재능을 갖지 못한 경우이다. 처음의 뜨거웠던 열정은 많이 식었을 것이다.

나이의 많고 적음을 떠나서 아직도 기회는 있다. 지금이라도 방향을 선회하는 게 바람직하다. 당신의 외곬적인 고집 때문에 다른 분야에서 빛을 발휘할 수 있는 특출난 재능이 파묻혀버렸는지도 모른다.

넷, 미래에 대한 비전이 있어야 한다.

일을 하는 데 있어서 보수도 중요하지만 그보다 더 중요한 것이 미래에 대한 비전이다. 비록 지금은 보수가 적다고 하더라도 미래에 대한 비전만 있다면 열정이 생긴다.

인간은 현재를 사는 것 같지만 언제나 미래를 산다. 현재는 곧 과거가 되고 인간은 미래를 향해서 하염없이 걸어간다. 죽음이 앞을 가로막을 때까지.

자, 현재 하고 있는 일에 열정을 느낄 수 없다면 지금 찬찬히 돌아보라.

성공에 대한 확신이 있는가?

나의 적성에 맞는가?

한계점을 뛰어넘는 특출난 재능이 있는가?

미래에 대한 비전이 있는가?

열정도 있고, 나머지도 다 있는데 특출난 재능에 대한 확신만 없다면 크게 걱정하지 않아도 된다. 열정은 그 부족함을 채우기에 충분하다.

## 040

# 어려운 상황이 닥치면 질문을 던져라

일을 추진해나가다보면 반드시 어려운 상황에 직면하게 된다. 상황을 돌파하는 방법에는 여러 가지가 있다. 성공하는 사람이 주로 사용하는 방법은 질문을 던지는 것이다.

하나, 자신을 향해서 질문을 던져라.

질문은 그 안에 자체적인 답을 품고 있는 경우가 대부분이다. 끊임없이 묻고 또 물어라. 뱀이 허물을 벗듯 무수히 질문을 던지는 사이에 답으로 슬그머니 변신하기도 한다.

둘, 동료에게 질문을 던져라.

스스로 해결하려고 노력했지만 혼란스러울 때는 동료에게 질문하라. 혼자서 해결할 수 없는 것이라면 주저하지 말고 동료에게 도움을 요청하라. 동료는 이미 그 질문에 대한 답을 알고 있을지도 모른다. 당신이 자존심 상해할까봐 물어오기만을 기다렸을 수도 있다.

그는 어쩌면 예전에 비슷한 상황에 처했던 경험이 있을지도 모른다. 그도 아니라면 비슷한 상황에 처한 사람을 지켜봤을 수도 있다. 그의 조언이나 경험담은 당신이 난관을 헤쳐나가는 데 큰 힘이 될 것이다.

셋, 전문가에게 질문을 던져라.

그래도 해결할 수 없을 때는 전문가를 찾아가는 게 좋다. 전문가에게는 수준 높은 질문을 던져야 한다. 대화란 질문의 높낮이에 따라서 질이 결정된다. 수준 높은 질문은 수준 높은 답을 이끌어낸다.

질문을 던지면 전문가는 당신이 간과했던 부분을 짚어줄 것이다. 아니, 어쩌면 당신이 예상했던 빤한 대답을 해줄 수도 있다. 그런 경우라면 해답은 그 빤한 대답 속에 들어 있을 확률이 높다.

넷. 전혀 다른 계통에 있는 사람에게 질문을 던져라.

전문가까지 찾아갔는데도 답을 얻지 못했다면 대개는 스스로 답에 대해서 알고 있는 경우이다. 단지 확신하고 있지 못할 뿐.

리모컨 등의 물건을 잃어버려 찾다보면 세탁기 속이나 전자레인지 같은 전혀 엉뚱한 곳에서 발견할 수도 있다. 마찬가지로 엉뚱한 곳에서 답을 찾을 수도 있다. 그 일에 대해서 전혀 모른다고 무시해버리면 안 된다. 세상은 어떤 식으로든 조금씩 연관을 맺고 있다.

세상에는 무수히 많은 질문이 있고, 또 그만큼 많은 답이 있지만 완벽한 정답은 많지 않다. 질문을 던진 이가 만족한다면 그것이 정답인 경우가 태반이다.

인생은 수학 시험이 아니다. 굳이 혼자의 힘으로 문제를 해결하려고 끙끙대지 말라. 혼자서 풀다 안 되면 다른 사람에게 도움을 요청할 줄도 알아야 한다.

세상은 돕기도 하고 도움도 받으며 사는 곳이다.

난관에 부딪쳤을 때 도움을 받고 싶다면 평상시에 다른 사람을 도와라. 지나친 경쟁 의식으로 다른 사람이 불행해지기를 바란다면 그 화살은 언젠가 되돌아온다.

만약 당신이 누군가를 찾아가 도움을 요청했는데 그가 건성으로 대답한다면 얼마나 실망스럽겠는가? 당신이 무릎 꿇고 손을 내밀었을 때 그 손을 뿌리친다면 얼마나 치욕스럽겠는가?

뿌린 대로 거두는 것이 세상이다. 당신이 도움을 요청했을 때 상대방의 반응만 보아도 그동안 자신이 어떤 식으로 세상을 살아왔는지 알 수 있다.

모두가 진지하게 도움을 주기 위해 노력한다면 당신은 세상을 제대로 산 것이다. 당신은 성공할 가능성이 높다. 그러나 그 반대의 경우라면 당신은 지금까지의 처세를 되돌아볼 필요가 있다.

## 041

# 가장 하기 싫은 일을 먼저 해라

시험 공부를 할 때, 대체적으로 성적이 중하위권인 학생은 좋아하는 과목부터 공부한다. 그러다 시간에 쫓기면 싫어하는 과목은 과감하게 포기해버리고 시험을 본다. 그러니 시험이 싫고 시험을 봐도 자신이 생길 리 만무하다. 성적이 상위권인 학생은 싫어하는 과목부터 공부한다. 평상시에 처진다고 생각했던 과목부터 점령해나간다. 끝내고 나면 자신감이 생겨서 나머지 과목을 공부하는 건 땅 짚고 헤엄치기다.

일을 할 때도 마찬가지다. 주인 의식이 부족한 사람은 일 처리 순서를 떠나서 자기가 좋아하는 일부터 처리한다. 싫어하는 일은 최대한 뒤로 미룬다. 그렇게 며칠 지나다보면 모든 일이 엉망진창이 된다. 주인 의식이 확실한 사람은 가장 하기 싫은 일부터 해치워버린다. 그런 다음 홀가분하게 다른 일을 처리한다. 일하는 보람도 느끼면서 일의 능률도 오른다.

어떤 분야에서 일을 하든 간에, 자신의 일이든 남의 일이든 간에 성공하는 사람은 주인 의식이 확실하다. 시간제 아르바이트라고 해서 시간만 때우는 사람은 나중에 자기 사업을 해도 불성실하다.

시험 문제에도 난이도가 있듯 일에도 어렵고 쉬운 일이 있다. 여러 사람이 하기 싫어하는 일은 대개 어려운 일이다. 입맛에 당긴다고 해서 사탕이나 초콜릿만 먹는 건 아이들이다. 즐겁다고 해서 좋아하는 일만 한다면 그 사람은 몸만 어른이지 어린아이와 별반 다를 바 없다. 귀찮더라도 하기 싫은 일을 먼저 처리하는 습관을 길러야 한다. 그래야 면역력이 생겨서 웬만한 일은 일 같아 보이지 않는다.

사람을 만나는 일도 마찬가지다. 여러 사람을 만나야 한다면 싫은 사람부터 먼저 공략해야 한다. 좋아하는 사람을 만나러 갈 때 당신은 무방비 상태일 것이다. 사실 그래 갖고는 기대 이상의 효과를 거두기 힘들다. 반면 싫어하는 사람을 만나러 갈 때는 나름대로 치밀한 준비를 할 것이다. 일 때문이라면 싫어하는 사람이든 좋아하는 사람이든 간에 나름대로 사전 준비를 하고 만나야 한다.

좋아하는 사람을 공략하는 일은 누구나 할 수 있다. 성공이냐, 실패냐를 가르는 것은 싫어하는 사람을 어떻게 효과적으로 공략하느냐에 있다. 적군을 아군으로 끌어들일 수 있다면 그 싸움은 해보나마나다. 전쟁에서 아군을 독려하는 것도 중요하지만 적군을 아군으로 포섭하는 일도 그 못지않게 중요하다.

최근 걸프만 전쟁에서도 미국은 이라크를 공격하는 한편 이라크의 주요 인사들을 포섭했다. 미국의 폭격이 효과를 거둘 수 있었던 것도 정확한 정보를 사전에 입수했기 때문이었다(전쟁은 폭력적이고 파괴적이어서 지양해야 할 것 중 하나지만 전쟁을 통해서도 배울 것은 있다).

하기 싫은 일은 먼저 하고, 싫어하는 사람을 먼저 만나라. 대신, 무작정 찾아가지 말고 만나기 전에 사전 작업을 해라. 주변을 통해 그 사람의 최근 동향이나 심리 상태를 파악한 후 만나면 원하는 방향대로 일을 풀어나갈 수 있다. 거기다가 미리 자신에 대한 좋은 이미지를 심어놓는다면 효율적으로 일을 처리할 수 있다.

## 042

# 풀리지 않을 때에는 눈높이를 바꿔라

세상을 살아갈 때도 마찬가지지만 일을 할 때도 어느 정도의 고집은 있어야 한다. 그래야만 일관되게 일을 추진해나갈 수 있다.

그런데 문제는 고집이 지나칠 때 발생한다. 일을 하다 벽에 부딪치게 되면 다른 쪽 방향도 모색해봐야 한다. 정면 돌파만 고집하다가는 시간도 많이 뺏기고 돈도 많이 든다. 자칫하면 파산할 수도 있다.

주식 투자자 가운데 쓸데없는 고집을 부리는 사람이 적지 않다. 주가가 폭락하고 있는데도 언젠가는 오를 거라고 고집을 부리다가 깡통을 찬 사람도 적지 않다.

성공을 향해 가는 길에는 외나무다리가 여러 개 놓여 있다. 빨리 건너는 것도 중요하지만 전체적인 균형을 잘 잡아야 한다. 그래야만 천 길 낭떠러지로 떨어지지 않는다.

때로는 걸음을 늦출 줄도 알아야 하고, 다리가 미끄러워보이면 시간과 비용이 더 들더라도 돌아갈 줄 알아야 한다. 고집스럽게 '전진!'만 부르짖을 일이 아니다.

사람은 자기 입장에서만 바라보고 생각하는 습관이 있다. 그 대표적인 예가 노사 관계이다. 상대방의 입장을 고려하지 않고 서로 목소리만 높이다보면 충돌할 수밖에 없다. 역지사지(易地思之). 서로 입장을 바꿔놓고 생각할 줄 알아야 서로가 만족할 만한 결론을 얻을 수 있다.

장사도 마찬가지다. 잘 되던 장사가 오랫동안 안 되면 시선을 바꿔볼 필요가 있다. 잘 되던 시절만 생각하고 있다가는 망할 수밖에 없다. 일정한 매상을 올려야 하는 주인의 입장이 아닌, 손님의 입장에서 가게를 돌아보면 여러 가지 문제점을 발견할 수 있을 것이다. 그래도 문제점을 찾을 수 없다면 경쟁자의 입장에서 바라보아라. 어떻게 효과적으로 공략해서 손님을 끌어갔는지. 길목도 괜찮고, 실내 장식도 괜찮고, 음식도 맛있고, 가격도 괜찮은데, 장사가 안 되냐고 경기 탓만 한다면 당신은 성공할 가능성이 낮다.

부자들은 이렇게 말한다.

"호경기에 돈 버는 사람은 헤아릴 수 없어요. 하지만 불경기에 돈 버는 사람은 많지 않죠. 불경기에도 돈을 벌어야 정말 부자가 돼요."

그들은 또 이렇게 조언한다.

"옥상에서 세상을 바라보면 느낌이 달라요. 맨홀 속에서 세상을 바라보면 또 그 느낌이 다르고요. 마찬가지로 여러 가지 각도에서 자신이 추진하고 있는 사업을 바라볼 필요가 있어요. 그래야 어떻게 접근하는 게 가장 효과적인지 알 수 있거든요."

십 억을 지닌 부자도 백 억을 지닌 부자와 비교하면 상대적 빈곤감을 느낀다. 일 억을 지닌 사람도 천만 원을 지닌 사람을 보면 상대적 만족감을 느낀다.

육신의 눈높이를 바꿔보고 **마음의 눈높이도 바꿔보라.** 그러다보면 얽히고설킨 매듭이 쉽게 풀리기도 한다.

## 043

# 작은 돈을 밝히지 마라

개인 사업을 하든 직장을 다니든 간에 일을 하다보면 소위 '공돈'을 만나게 된다. 약간은 찜찜하지만 받아도 뒤탈이 없는 돈이다. 그 액수는 천차만별이다.

작은 돈은 아예 거들떠보지도 않는 사람이 있는가 하면, 작은 돈을 유독 밝히는 사람이 있다. 왠지 그런 사람은 그 생활에 닳고닳은 듯한 인상을 준다. 평생 그 일만 하다 끝날 것 같다. 이미지가 깨끗하지 못해서 돌아서면 이내 잊어버린다.

요즘에도 간간이 기자들의 촌지 문제가 거론되지만 필자가 기자 생활을 할 때는 촌지를 주는 관행이 일반화되어 있었다.

돈푼 깨나 있는 사람은 취재가 끝나면 당연하다는 듯이 돈봉투를 건네곤 했다. 아무래도 기사를 쓰기 전에 받는 돈은 찜찜하다. 덜컥 받았다가 기사가 마음에 들지 않아 항의해오면 망신살이 뻗칠 수도 있다.

혼자 취재를 가면 그래도 나은데 카메라 기자와 동행한 경우에는 난감할 때가 많다. 촌지를 받으면 카메라 기자와 나눠야 하기 때문에 거절할 때도 카메라 기자의 눈치를 보게 된다.

많든 적든 간에 촌지를 받으면 공정한 기사를 쓸 수가 없다. 중심을 잡고 쓰려고 해도 마음은 슬그머니 한쪽으로 기운다.

그런데 더러는 기사가 나간 뒤에 돈봉투를 보내는 사람이 있다. 감사의 표시라면서. 그런 돈은 받아도 뒤탈이 없다. 하지만 '촌지'를 받는 것도 습관이다. 평상시에 안 받아 버릇한 기자는 이런 돈도 되돌려 보낸다.

나쁜 습관은 금세 몸에 밴다. 신입 때는 촌지를 받으면 얼굴이 빨갛게 달아오르던 사람이 경력이 쌓이니까 오히려 촌지를 요구하기도 한다. 그런 사람을 지켜보고 있노라면 심정이 착잡하다. 세상 사는 요령을 익힌 걸로 치부해버리기에는 뒤끝이 개운찮다.

작은 돌을 파내면 작은 구멍이 생기고 큰 돌을 파내면 큰 구멍이 생기는 법이다. 작은 돈을 밝히면 사람이 작아질 수밖에 없다.

포부를 크게 갖고 있는 사람은 작은 돈을 밝히지 않는다. 순간적으로는 이익일지 몰라도 장기적으로 보면 손해라는 걸 알기 때문이다.

작은 돈이든 큰 돈이든 간에 돈이 개입되면 진솔한 만남이 이루어질 수 없다. 작은 돈을 밝히면 사람을 잃게 된다. 황소 몰고 길을 가다 길 잃은 염소에 눈이 멀어 황소를 잃어버리는 꼴이다.

성공한 사람은 사람과의 만남, 그 자체에서 무언가를 얻는다. 일을 하면서 자연스럽게 사람을 사귄다.

형식적인 교제가 아닌 자연스런 교제로 이어지려면 서로가 서로에게 호감을 가져야 한다. 호감은 상대방의 이미지가 깨끗하고 해맑을 때 생긴다. 작은 돈을 밝히는 사람에게 호감을 느낄 사람은 많지 않다.

좋은 이미지는 기회로 이어진다. 많은 사람에게 좋은 이미지를 남겨 놓는다면 그 가운데 누군가 당신에게 기회를 제공할 것이다.

## 044
## 아이디어는 가까운 곳에 있다

세상에는 아이디어를 찾기 위한 여러 가지 방법이 나와 있다. 큰 줄기로 나눠보면 대략 네 가지이다.

연상 자극법, 발상 전환법, 정보 조합법, 집단 발상법 등이다. 이를 세분화하면 다시 여러 갈래로 나뉜다. 브레인 스토밍, 일명 두뇌 폭풍이라고 해서 한때 각광을 받았던 이 창의력 발상법은 집단 발상법의 하나이다.

일반적인 아이디어 발상 기법을 몇 가지 소개하면 이렇다.

하나, 고정 관념 깨기

둘, 고정되어 있는 것 회전시키기

셋, 반대로 생각하기

넷, 재질 바꾸기

다섯, 용도 바꾸기

여섯, 보다 편리하게 하기

일곱, 보다 안전하게 하기

여덟, 보다 재미있게 하기

아홉, 추가하거나 생략하기

열, 남의 아이디어 변형하기

열하나, 폐품 이용하기

열둘, 소리 첨가하기

열셋, 과학적 원리 접붙이기

열넷, 에너지 절약하기

이 모든 발상법이 어디에서 나왔나 찬찬히 살펴보라. 하나같이 일상 생활 속에서 나온 것들이다. 우리가 사용하고 있는 발명품 중에서 기발하고 실용적인 것들은 아주 가까운 곳에서 힌트를 얻었다.

우리는 흔히 이렇게 말한다.

"어디 기발한 아이디어 없을까?"

그런 말을 들으면 왠지 모르게 '기발한 아이디어'는 특별한 곳에 있을 것 같은 예감이 든다. 일상 생활은 변화가 없고 단조롭다고 인식하고 있기 때문이다.

어렸을 때 한번쯤은 6막 12장으로 구성된 모리스 마테를링크의 동화극 '파랑새'를 읽었을 것이다. 책 속에서 틸틸과 미틸은 요술쟁이 할머니의 부탁을 받고 행복의 상징인 파랑새를 찾아나선다. '추억의 나라', '달이 비치는 숲속', '한밤중의 묘지', '행복의 궁전', '미래의 나라'를 찾아가지만 결국 파랑새를 찾지 못한다. 그러다 꿈에서 깨어나니 새장 속에 그토록 찾아다니던 파랑새가 있다.

틸틸과 미틸이 찾아 헤맸던 파랑새를 가까이서 발견할 수밖에 없는 까닭은, 행복은 먼 별나라에서 온 생물이 아니라 인간의 생활 속에서 함께하는 것이기 때문이다.

아이디어란 것도 살아가기 위한 하나의 방편이다. 따라서 우리의 생활 속에 숨어 있을 수밖에 없다.

가끔씩 책 속에 돈을 숨겨놓고 찾다보면 보이지 않을 때가 있다. 그런 경우는 대개 책장을 너무 빨리 넘기기 때문이다.

아무리 아이디어를 찾아도 보이지 않는다면 생활을 한 템포 늦출 필요가 있다. 한 장 한 장 책장을 넘기듯 차분하게 찾아보라. 만약 당신이 찾는 아이디어가 가족의 행복을 위한 것이라면 아주 가까운 곳에 숨어 있을 가능성이 높다.

## 045

# 기회가 찾아오면 발상의 전환이 필요하다

사람의 뇌는 대단히 정력적이다. 스물네 시간 일을 해도 피곤을 모른다. 만약 일을 하다 피로를 느낀다면 눈이나 근육의 피로이지 뇌의 피로는 아니다. 또한 사람의 뇌는 부드럽고 유연하다. 그렇기 때문에 격한 논쟁을 하다가도 자신의 잘못이 인정되면 금세 사과하고 수긍하는 것이다.

그러나 세상에는 빵 찍는 기계틀처럼 고정화된 사고 방식을 갖고 살아가는 이들이 있다. 그들은 고정화된 틀 속에 세상 모든 사물을 집어넣었다 꺼낸다.

고대 그리스 신화에 '프로크루스테스'라는 도적이 나온다. 이 도적은 나그네를 집으로 유인해 특수한 침대에다 재운다. 키가 침대보다 작으면 길게 늘리고, 크면 자르는 방식으로 무고한 생명을 빼앗는다.

'프로크루스테스의 침대' 같은 사고 방식을 갖고 있으면 갈등할 일이 없다. 자르거나 늘리면 되기 때문이다. 문제는 기회가 찾아와도 기회인지조차 모른다는 데 있다. 세월이 많이 흐른 뒤에야 그것이 기회였음을, 그리고 잡지 못했음을 후회한다. 그러나 그런 사람은 다시금 기회가 찾아와도 똑같이 놓치고 만다.

기회는 자주 찾아오지 않는다. 그렇다고 전혀 오지 않는 것도 아니다. 기회라는 생각이 들면 과감하게 발상을 전환해야 한다. 경직화된 틀 속에 넣었다 꺼내면 기회는 혼비백산해서 달아나버린다.

유명한 선수는 찬스에 강하다. **성공하는 사람은 기회에 강하다. 본능적으로 기회라고 판단되면 모든 기관을 총동원해서 악착같이 붙든다.**

기회는 두 가지 방법으로 찾아온다. 퍼즐 조각을 짜맞추듯 하나씩 준비해나가고 있을 때 찾아오기도 하고 길을 걷다가 우연히 마주치듯 불쑥 찾아오기도 한다.

성공하는 사람은 기회가 찾아올 경우를 대비하고 있다가 기회가 오면 꽉 붙든다. 그러나 기회는 미꾸라지와 흡사해서 교묘하게 빠져나가기도 한다. 준비하고 있다가 기회를 맞으면 그래도 낫다. 불청객처럼 불쑥 기회가 찾아왔을 때가 문제이다. 예상치 못했던 상황 앞에 놓이면 누구나 당황할 수밖에 없다.

그런 기회를 잡는 사람은 많지 않다. 대다수의 인간이 변화보다는 안정을 추구하는 성향을 지니고 있기 때문이다. '이대로도 괜찮은데 굳이 변화를 꾀할 필요가 있을까?' 하고 망설여서는 성공할 수 없다. 단, 한 번의 선택으로 엇갈리는 것이 인생이다. 기회를 놓아주면서 '다음에 오면 잡아야지'라고 생각하지만 영영 이별인 경우가 대부분이다.

기회가 찾아왔을 때는 발상의 전환이 필요하다. 그러기 위해서는 평상시에 유연한 사고를 할 필요가 있다. '나만이 옳다'거나 '저런 건 돈이 안 된다'고 단정지어서는 안 된다.

세상은 유기적으로 구성되어 있다. 살아 있는 생명체처럼 끝없이 변화하며 흘러간다. 경직된 사고로는 변화하는 세상을 좇아갈 수 없다.

## 046
# 성공하는 사람은 강인한 체력을 지녔다

목표가 없는 사람은 노 없는 거룻배와 같다. 물결을 따라 하염없이 흘러갈 뿐이다. 그런 사람에게 자기 관리를 기대한다면 난센스이다.

성공하는 사람은 자기 관리를 잘한다. 이미지 관리, 고객 관리는 물론이고, 항상 세상보다 한 발 앞서가려고 노력한다. 그러는 와중에서도 빼놓지 않는 것이 건강 관리이다.

요즘에는 붐이라고 할 정도로 창업 열기가 뜨겁다. 전 재산을 동원하여 창업을 하지만 계획했던 대로 일이 풀려나가는 경우는 열에 하나다. 몇 개월씩 적자가 누적되면 잠이 올 리 없다. 은행에 집을 담보로 잡히고 대출까지 받은 경우에는 더더욱 그렇다.

직장 다닐 때에는 일곱 시간씩 자도 피곤했는데 창업자가 되면 하루에 서너 시간씩 자면서도 몇 달을 버틴다. 손이 안 갈 것 같은 일도 막상 벌여놓으면 해야 할 일이 태산이다. 다른 사람 손을 빌리면 임금이 나가야 하니 스스로 할 수밖에 없다.

체력이 약한 사람은 돈은 돈대로 날리고 병까지 얻는다. 그나마 강인한 체력을 지닌 사람은 가까스로 버텨낸다. 기적적으로 회생하기도 하고, 실패를 교훈 삼아 다시 일어서기도 한다.

창업을 하려면 창업에 대한 공부 못지않게 중요한 것이 운동이다.

체력의 중요성은 아무리 강조해도 지나치지 않는다. **건강이 있어야 성공도 있는 법이다.** 건강을 잃고서 성공한들 무슨 의미가 있겠는가? 병든 부자보다는 건강한 거지가 행복하다.

어떤 사람은 운동을 하라고 권하면 이렇게 투덜댄다.

"속 편한 소리 좀 그만하세요. 잠잘 시간도 턱없이 부족한데 무슨 운동입니까?"

이런 사람의 하루를 들여다보면 열에 아홉은 비효율적으로 시간을 사용하고 있다. 책상에 앉아서 멍한 상태로 보내는 시간만 해도 한 시간은 족히 된다.

**시간은 누가 어떻게 사용하느냐에 따라서 늘어나기도 하고 줄어들기도 한다.** 책상에 오래 앉아 있는다고 일이 되는 건 아니다. 문제는 집중력이다. 집중력을 높이려면 강인한 체력이 있어야 한다.

거울 앞에 알몸으로 서서 자신의 몸매를 한번 들여다보라.

근육은 없고 뼈만 앙상하지 않은가?

다른 곳은 괜찮은데 배만 불룩하지 않은가?

전체적으로 몸이 비대하지 않은가?

아놀드 슈워제네거처럼 몸 전체를 근육질로 만들 것까지는 없다. 그러나 가능하다면 뚱뚱하다는 인상은 주지 않도록 하라. 세상 사람들은 배가 나오거나 뚱뚱한 사람은 게으르다는 편견을 갖고 있으니까.

몸이 쇠약해지면 세상 만사가 귀찮고 자꾸만 비관적인 생각이 든다. 우울증에 걸린 사람들을 보면 대부분 몸이 허약한 사람이다. 체력이 강한 사람은 사업에 실패해도 좌절하지 않고 다시 일어난다. 왜냐하면 성격이 낙천적이기 때문이다.

하루를 새벽 운동으로 시작하라. 자신감도 충만해지고 복잡했던 머릿속도 정리될 것이다.

규칙적으로 운동을 하다보면 하이에나처럼 유흥가를 밤늦게 배회하던 습관도 사라진다. 숙취로 인해 반나절 동안 일도 못 하고 시간만 때우던 습관도 사라진다.

무엇보다도, 강인한 체력은 성공에 대한 확신을 가져다준다.

# 047

# 신하나 노예가 되지 마라

고사성어 중에 반식재상(伴食宰相)이라는 말이 있다. 자리만 차지하고 있는 무능한 재상을 일컫는 말이다.

구조 조정의 한파가 불어닥쳐 대부분 날아갔지만 예전에는 회사마다 반식재상이 있었다. 인맥이나 학연, 혹은 줄을 잘 잡아서 능력과는 무관하게 회사의 요직을 차지한 사람들.

눈엣가시 같아도 사주의 눈 밖에 나게 될까봐 불평 한 마디 할 수 없는 풍토였다. 사장과 직원은 지배계급과 피지배계급, 군주와 신하의 관계였으므로.

그러나 IMF 이후, 평생 직장의 개념이 희박해지면서 계약 관계로 급변하였다. 회사는 '나에게 평생 월급을 주는 곳'에서 '내가 지닌 능력만큼의 보수를 지불하는 곳'으로 바뀌었다. 한쪽이라도 마음에 들지 않으면 언제든지 갈라설 수 있는 대등한 관계가 된 것이다.

직장 분위기가 살벌해진 게 단점이라면, 사주의 눈치를 보지 않아도 된다는 게 장점이다. 시대의 흐름에 가장 민감한 계층은 젊은 사원이다. 동양의 유교적인 사고 방식보다는 서양의 합리적인 사고 방식을 선호하는 그들은 윗사람 눈치는 살피지 않는다. 자신에게 주어진 일을 하다가 퇴근 시간이 되면 미련 없이 퇴근한다.

직장은 조직이다. 조직에 들어가면 조직의 룰을 따라야 한다. 그러나 잘못된 룰은 바로잡아야 한다.

직원은 신하나 노예가 아니다. 윗사람 눈치를 살피며 일하다보면 일 자체가 윗사람 취향에 맞춰진다. 능력 있는 상사라면 괜찮지만 무능한 상사라면 형편없이 일을 한 셈이 된다.

**당당하게 일을 할 필요가 있다.** 직장을 다니든 서비스업을 하든 중국집에서 배달을 하든 간에 당당해져야 한다. 당당해지기 위해서는 일에 대해서 일정한 책임을 져야 한다.

일에 대해 책임을 느끼다보면 주인 의식을 갖게 된다. 정식 직원이 아닌 임시직이라 하더라도 돈을 받고 일을 하면 주인 의식을 지녀야 한다. 우리 주변에는 이런 종업원이 더러 있다.

"그거요? 전 몰라요. 사장님 오면 물어보세요."

주인 의식이 전혀 없기 때문에 이런 식의 대답이 나온다.

자신의 기술이나 지식으로 해결할 수 없는 일이라도 그렇게 말해서는 안 된다. 종업원이라면 최소한 연결고리 역할이라도 해야 한다.

"그거요? 잠깐만 기다려보세요. 사장님에게 물어볼게요."

어떻게 대답하느냐에 따라서 고객의 기분이 달라진다.

종업원은 신하나 노예가 아니다. 신하나 노예가 되어 일을 하면 평생 신하나 노예로 지낼 수밖에 없다.

성공하는 사람은 당당하다. 당당하면서도 겸손하다. 그러나 자신의 일에 대해서만큼은 자부심이 대단하다.

어디에서 무슨 일을 하든지 간에 반식재상을 경계하라. 반식재상으로 지내다가는 언젠가는 반드시 식충 소리를 듣게 된다.

# 048

## 감당하기 힘든 짐은 내려놓아라

흔히들 인생을 '여정'에 비유한다. 긴 것 같으면서도 짧고, 짧은 것 같으면서도 긴 여행이 인생이다.

여행을 떠날 때는 여행 장비를 챙겨야 한다. 장거리 여행을 빈손으로 떠나는 사람은 없다. 저마다 배낭을 하나씩 메고 떠난다. 배낭의 크기도 제각각이다.

초보자의 배낭은 크고 무겁다. 반면 여행 전문가의 배낭은 가볍다. 불필요한 짐은 줄이고 꼭 필요한 짐만 넣어가기 때문이다.

인생을 살아가면서 고민 없이 살아가는 사람은 없다. 크고 작은 고민을 이고지고 살아간다. 현명한 사람은 불필요한 고민은 내려놓고 가고, 어리석은 자는 쓸데없는 고민까지 짊어지고 간다. 그러면서 세상이 왜 이렇게 살기 힘든 거냐고 하소연한다.

친구 중에 K가 있다.

K는 8남매 중 장남이다. 아버지가 일찍 돌아가셔서 그는 어려서부터 가장 노릇을 해야 했다. K의 어머니는 행상을 했는데 한숨을 입에 달고 살았다.

"휴우—. 이 어린것들을 어느 세월에 키운담."

어머니의 한숨은 K에게 그대로 전염되었다. K 역시 수시로 동생들

걱정에 한숨을 내쉬었다.

"야, 학생이 공부만 하면 되지 왜 쓸데없는 걱정을 해? 세월이 지나면 어련히 클까봐……."

친구들이 괜한 걱정을 한다고 면박을 줘도 K의 한숨은 잦아들지 않았다.

세월이 흘러서 동생들도 모두 제 짝을 찾아 분가해나갔다. 그러나 K의 한숨은 여전했다.

"휴우―. 동생들이 제대로 인간 구실이나 하면서 살고 있는지……."

그러던 어느 날, K가 근무하는 회사에 소문이 나돌았다. 조만간 회사가 합병되면서 대규모 구조 조정이 있을 거라고 했다. 이미 '살생부'가 만들어졌는데 살아남는 간부는 다섯 명 가운데 한 명꼴이라는 것이었다.

"휴우―. 막막하다. 이 나이에 직장에서 쫓겨나면 도대체 뭘 해야 하는 거야?"

K는 잠도 오지 않는다며 해쓱해진 얼굴로 하소연했다.

"그렇게 걱정만 하고 있으면 뭘 해? 걱정할 시간에 대책을 세워. 정년이 좀더 일찍 왔다고 속편하게 생각하고 할 일을 찾아봐."

친구들이 조언을 해도 그때뿐이었다.

결국 합병된다는 소문만 무성했지 합병은 무산되었다. 그 대신 삼년에 걸쳐서 두 차례 구조 조정을 했는데, K는 두 번째 구조 조정에서 자진 사표를 썼다. 그는 현재 위로금과 퇴직금을 밑천 삼아 편의점을 하고 있다.

주변을 보면 K 같은 사람이 적지 않다. 커다란 배낭을 짊어지고 땀을 뻘뻘 흘리며 걸어가는 여행자들. 그런 사람의 짐을 풀어보면 열에 아홉은 없어도 무방한 쓸데없는 짐이다.

걱정해도 해결되지 않는 짐은 내려놓아라. 장남으로 태어난 것을 어쩌란 말인가? 회사가 기우는 것을 어쩌란 말인가?

성공하는 사람은 짐이 가볍다. 그래야 기회나 위기가 찾아왔을 때 발 빠르게 처신할 수 있기 때문이다.

성공하는 사람은 감정 싸움도 하려 들지 않는다. 화가 나는 일이 있거나 불평 불만이 있으면 그때그때 털어놓는다. **머릿속이 단순해야 일에 집중할 수 있기 때문이다.**

맷돌을 짊어지고 달리는 사람은 가벼운 배낭 하나 메고 달리는 사람을 결코 따라잡을 수 없다.

자, 이제 그 짐을 내려놓아라.

짐을 내려놓기가 정 불안하다면 종교를 가져라. 신이 그 짐을 대신 져줄 것이다.

# 049

# 차이를 인정하고 존중하라

살다보면 자존심 상할 때가 참 많다.

동창 모임에 나갔는데, 학교 다닐 때 공부는 지지리도 못하던 얼빵한 친구가 고급 승용차를 몰고 나타나면 배가 아프다. 내가 전문가라고 생각했는데 나도 끙끙대던 일을 순식간에 해결하는 직원을 보면 배가 아픈 정도를 넘어서 복통이 찾아온다. 뚱뚱한 아내를 최대한 치장시켜 연말 모임에 참석했는데 멍청한 부하 직원이 늘씬한 미모의 아내를 대동하고 나타나면 속이 토할 것처럼 메슥거린다. 아이들 학원비 때문에 아내와 한바탕 말싸움을 했는데 술자리에서 조기 유학 보낸 자식 자랑을 하는 친구 녀석을 보면 두통이 찾아온다. 회사에서 무능력자로 찍혀 퇴직한 부하 직원이 회사를 차렸는데 매출액이 천문학적인 단위라는 이야기를 들으면 누군가를 늘씬하게 패주고 싶다.

이런 경험을 한두 번쯤은 해봤을 것이다. 그런 상황에서 어떻게 대처하느냐에 따라서 성공하느냐, 실패하느냐로 엇갈린다.

성공하는 사람은 그 차이를 인정하고 존중한다. 자신보다 나은 사람을 만나면 눈을 빛내며 한 가지라도 더 배우려고 한다. 미래에 대한 비전이 없는 사람은 돌아서서 흉을 본다.

"저 친구, 고리대금으로 돈 벌었다며? 흡혈귀 같은 자식!"

"굼벵이도 기는 재주가 있다고…… 삼류대 나온 자식이 별걸 다하네."

"어디서 저런 호스티스 같은 여자를 데려온 거야? 저 여자를 내가 어디에서 봤더라."

"아내와 애들만 유학 보냈다가 이혼한 사람이 부지기수라지? 외국 남자와 눈 맞으면 자식이고 남편이고 다 소용없다더라."

"그 친구, 회사 거래처 빼돌린 거 아냐? 회사에 다니는 척하며 독립하기 위한 작업을 했구먼!"

주변에는 이런 못난 사람이 많다. 자신이 놀고 즐기는 사이에 보이지 않는 곳에서 얼마나 많은 땀방울이 쏟아졌는지를 모른다. 과거의 삶은 차치하고서라도 현재의 차이를 인정조차 하려 들지 않는다.

차이를 인정하지 않으면 발전은 없다. 누군가 사업에 성공했다면 그 비결을 배워라. 분야가 달라도 성공한 사람에게는 반드시 배울 게 있다. 자신보다 뛰어난 전문가를 만나면 겸허하게 모르는 것을 자문하라. 훗날 그 사람보다 더 뛰어난 전문가가 되려면 반드시 거쳐야 하는 관문이다. 부하 직원이 미모의 여인과 나타나면 그들에게 다가가 미모를 칭찬해줘라. 당신은 관대한 상사가 될 것이다. 또한, 당신의 칭찬으로 인해 아내 역시 뚱뚱한 여자가 아닌 후덕한 여자가 될 것이다. 자녀를 유학 보낸 친구가 있다면 귀를 기울여 유학의 장단점을 파악하라. 그런 다음 자식의 장래를 생각해보는 것이 참된 부모의 도리이다. 독립해나간 부하 직원이 성공했다면 찾아가서 칭찬해줘라. 훗날 당신이 독립해서 사업을 하게 되면 그가 음으로 양으로 도움을 줄 것이다.

성공하는 사람은 구더기나 거머리에게조차도 한 수 배우려고 한다. 세상 모든 것이 스승임을 알기 때문이다.

## 050
# 자신의 능력을 과신하지 마라

자신감과 과욕은 다르다. 작은 성공을 거둔 사람 중에 과욕을 부리다 파멸하는 사람이 적지 않다. 자신의 능력을 지나치게 과신한 때문이다.

작은 성공은 셀 수 있는 구슬과 같다. 백 개쯤 되는 구슬은 정확히 헤아릴 수 있듯이 작은 성공은 변수가 적으므로 열심히 하다보면 목표를 이루게 된다. 그러나 큰 성공은 숫자가 많은 구슬과 같다. 십만 개, 백만 개쯤 되다보면 일일이 헤아리기는 불가능하다. 대충 짐작으로 때려맞힐 수밖에 없다.

산을 매일 오르다보면 등산에 자신이 붙어 어떤 산이라도 등정할 수 있을 것 같은 기분이 든다. 좀더 높은 산에 오르기를 갈망한다.

사업도 마찬가지다. 몇 차례 성공을 거두다보면 무슨 일을 해도 성공할 수 있을 것 같은 기분이 든다. 좀더 규모 있는 사업을 해보고 싶은 욕망이 인다.

이럴 때일수록 조심해서 사업을 벌여야 한다. 자신의 능력을 과신한 나머지 무리하게 사업을 확장하다 빚더미에 앉는 사람이 적지 않다. 뒤늦게 땅을 치고 후회해보지만 복구가 불가능한 경우가 대부분이다.

"사업 수완이 대단하십니다. 어떻게 그렇게 짧은 시간 내에 사업을 확장하셨습니까?"

경험자들은 주위에서 칭찬 일색일 때 조심해야 한다고 경고한다.

"어느 정도 사업이 궤도에 오르면 동업이나 새로운 사업에 대한 제의가 들어오더라고요. 그런데 묘하게도 듣기 좋은 소리만 골라서 하는 사람일수록 이권이 얽히면 나중에 목청을 높이더군요."

"성공하면 배아파하는 사람도 많죠?"

"그럼요! 사업을 추진할 때보다 성공하고 나서 겸손해져야 해요. 한창 일할 때는 예의나 격식을 차리지 않아도 바빠서 그런 거려니 이해해요. 그런데 성공했다고 소문이 돌면 작은 실수만 해도 돌아서서 험담을 해요. 돈 조금 벌더니 건방져졌다고."

"성공하면 조금은 그런 면도 있죠?"

"아무래도 인간이다보니 그럴 수밖에 없죠. 사업이 잘 될 때는 진심어린 충고를 해주는 사람이 없어요. 그런 사람을 찾기란 정말이지 모래사장에서 바늘 찾기보다 어려워요."

"그거야 좋은 분위기를 깨고 싶지 않아서 그런 거겠죠."

"그렇기도 하겠지만……, 괜한 말을 꺼내서 눈 밖에 나게 될까 두려운 거예요. 가만히 있다가 떨어지는 콩고물이나 받아먹자는 심보죠."

성공한 사람은 입을 모아 말한다. 인간은 신이 아니라고.

작은 성공을 거두었건 큰 성공을 거두었건 간에 혼자만의 힘으로는 불가능하다. **자만에 빠져서 모든 걸 자신의 능력으로 돌리지 말고 알게 모르게 도와준 사람에게 감사할 줄 알아야 한다.**

겸손한 마음은 자신의 능력을 과신하지 않도록 견제해준다.

## 051

# 친구나 동료와 비교하지 마라

B는 초등학교 때부터 중학교 때까지 줄곧 반에서 일등을 했다. 고등학교에 다닐 때에도 전교에서 십 등 밖으로 벗어난 적이 없다. 그는 수재만 들어간다는 명문대에 들어갔고 같은 학교 대학원을 졸업하고 대기업에 취직했다.

직장 생활은 순탄했다. 그는 우수 인력만 모아놓은 부서에서 일했고, 업무 수행 능력도 우수해서 승진도 빨랐다. 연봉도 친구들과 비교해서 결코 뒤지지 않았다.

B는 십 년 가까이 직장 생활을 하였지만 자신이 불행하다고 느껴본 적은 많지 않았다. 그런데 단단하다고 여겨왔던 삶의 터전이 흔들린 것은 처남의 결혼식을 앞두고서였다.

"여보, 동생네는 축의금으로 천만 원 한다는데 우린 얼마 해요?"

"우린 삼백만 하지, 뭐."

B는 원래 이백만 원만 할 생각이었는데 맏딸인 아내의 입장을 고려해서 그렇게 말한 것이었다.

"우리도 천만 원 하면 안 돼요?"

"우리가 무슨 돈이 있다고 천만 원씩이나 해?"

"자존심이 있지, 어떻게 동생네보다 조금 내요?"

"현실을 알아야지! 그 집은 사업하는 집이잖아, 난 봉급쟁이고."

"아이, 속상해! 제부는 전문대 나오고도 한 달에 수천만 원씩 버는데, 당신은 명문대 대학원까지 나와놓고 그게 뭐예요? 자존심 상하게."

아내의 바가지는 가슴속 깊은 곳에 묻혀 있던 B의 승부욕을 자극했다. B는 직장을 그만두고 사업을 시작했다. 무역회사를 차렸는데 처음에는 그런대로 잘 되었다. 어느 정도 자신감이 붙자 단기간에 승부를 보고 싶은 욕심이 일었다. 그는 결국 무리수를 두다가 이 년 만에 부도를 냈다.

실의에 빠진 B는 일 년 남짓 무위도식하며 지냈다. 보다 못한 장인이 안정적인 사업을 해보라며 여의도에 식당을 하나 내주었다. B는 찬밥 더운밥 가릴 계제가 아니어서 묵묵히 식당을 운영했다. 북적대지는 않았지만 손님이 끊이지는 않는 편이어서 한 달 순수익이 오백만 원가량 되었다.

그러던 어느 날, 그에게 우울증이 찾아왔다. 세상 살기가 싫어졌고, 옥상에 올라가면 뛰어내리고 싶은 충동마저 일었다. 부쩍 말수도 줄어들고 불면증으로 잠을 이루지 못하자 가족들은 그를 정신병원으로 데려갔다. 현재 B는 식당을 운영하며 통원 치료를 받고 있다.

사업은 치밀하게 계획해서 시작해야 한다. 순간적인 감정에 치우쳐서 사업을 시작하면 아무래도 준비가 미흡할 수밖에 없다.

세 번 실패하고 네 번째 재기에 성공한 사업가에게 사업의 정의를 묻자 그는 이렇게 대답했다.

"사업은 동전으로 탑을 쌓는 것과 비슷해요. 처음에는 쉽지만 높이 쌓을수록 무너질 확률 또한 높아지죠. 실패하지 않기 위해서는 시간이 걸리더라도 바닥을 넓게 깔면서 차근차근 쌓아올려야 해요. 나 역시 그랬지만, 대부분의 사업가들이 빈약한 기초를 보강할 생각은 하지 않고 높이 쌓으려고만 해요. 그러니 조금만 외풍이 불어도 쉽게 무너져 버리죠."

B는 한국 사회의 엘리트이다. 그들의 단점은 시선이 항상 위로 열려 있기 때문에 발 밑을 제대로 보지 못한다는 데 있다. 또한 부러움 섞인 시선을 받으며 칭찬만 듣고 자라났기에 웬만한 성공쯤은 당연시 여긴다. 시선을 높은 곳에 두면 행복을 재는 척도 또한 높아질 수밖에 없다.

명성 있는 상당한 재력가를 만났을 때 현재 행복하냐고 물은 적이 있었다. 그러자 그는 인상 깊은 대답을 들려주었다.

"행복은 절대적인 게 아니고 상대적인 거예요. 누구하고 비교하느냐에 따라서 행복해질 수도 있고, 불행해질 수도 있죠. 나보다 더 많은 돈을 벌고 더 유명해진 사람하고 비교하면 난 늘 불행할 수밖에 없어요. 그렇다고 해서 나보다 못 사는 사람이나 명성도 없는 사람하고 비교하면 발전이 없죠. 난 그저 나의 삶, 그대로를 보려고 노력해요. 주어진 환경 속에서 최선을 다하며 사는 거죠."

인간은 경쟁심을 통해서 발전한다. 그러나 지나친 경쟁심은 때로 파멸을 낳기도 한다.

개구리와 황소 개구리의 배는 크기가 다르다. 시합을 하면 개구리 배가 터질 수밖에 없다. 현명한 개구리라면 황소 개구리만큼 몸집을 키워놓고서 누구 배가 더 큰지 시합을 해야 한다.

## 052

# 실패를 잊는 데도 순서가 있다 🐦

실패 없이 이 세상을 살 수 있다면 얼마나 좋겠는가. 그러나 이 세상으로 길게 드리워진 나뭇가지에는 성공의 열매보다는 실패의 열매가 더 많이 달려 있다.

투견은 한번 싸움에서 패하면 제대로 기량을 발휘하지 못한다. 특히 같은 상대를 만나면 싸우기도 전에 꼬리를 내린다. 자신보다 강하다는 인식이 뇌리 깊숙이 박혀 있기 때문이다.

사람은 투견과 다르다. 그러나 한번 실패하면 위축되기는 마찬가지다. '실패' 라는 놈에게 발목 잡히면, 다시 실패하지 않을까 하는 우려 때문에 제대로 일을 할 수가 없다.

가장 좋은 방법은 실패를 잊는 것이다. 그런데 그게 생각처럼 쉽지가 않다. 무작정 잊으려고 안간힘을 쓰는 것보다는 계기를 만들어서 실패를 극복하는 게 좋다. 태연한 척 일을 계속 해나가다보면 실패에 대한 두려움은 은연중에 커진다.

사업에 여러 차례 실패했다가 재기에 성공한 사람들이 들려준 실패를 잊는 순서는 이렇다.

첫 번째, 숲을 벗어나라.

전체적인 숲의 모습을 보려면 숲을 벗어나야 하는 법이다. 실패했다면 일단 그 환경에서 한시라도 빨리 벗어나라. 실패한 환경 속에서는 부분에 치우치게 되어 있어, 아무리 머리를 쥐어짜도 제대로 된 분석을 할 수 없다.

두 번째, 충분한 휴식을 취하라.

실패가 크면 클수록 후유증도 클 수밖에 없다. 휴식기간을 넉넉히 잡아야 한다. 실패하지 않으려고 안간힘을 쓰다보면 체력도 소진되게 마련이다. 충분한 휴식을 통해서 재충전하라.

세 번째, 원인을 분석하라.

바둑에도 패착이란 게 있다. 분명 한두 곳이 아닐 것이다. 곳곳에서 패착을 찾아내라. 실패 원인을 정확히 알아야 같은 실수를 반복하지 않는다.

네 번째, 가상 속에서 사업을 계속 추진하라.

패착을 찾았다면 가상 속에서 계속 사업을 추진해보라. 그때 '이렇게 했더라면 어떤 결과가 나왔을까?' 하고 냉정하게 추론해보라. 다시는 소를 키우지 않을 거라면 몰라도 다시 소를 키우려면, 소를 잃고 나서라도 외양간을 고쳐야 한다.

다섯 번째, 쓸 만한 가재도구는 건져라.

이미 엎질러진 물이라고 체념해서는 안 된다. 물이 귀한 사막에서는 엎질러진 물이라도 퍼담아야 한다.

화마가 덮쳐도 전소되는 법은 드물다. 어딘가 찾아보면 쓸 만한 가재도구가 남아 있을 것이다. 그것이 인재든, 거래처든 간에 쓸 만한 것은 최대한 건져내라.

여섯 번째, 비싼 수업료를 지불했다고 생각하라.

공짜로 얻은 물건일수록 볼품이 없다. 비싼 돈을 지불하고 산 것일수록 가치 있는 법이다. 성공을 위해서 비싼 수업료를 지불했다고 생각하라.

맞는 걸 두려워서해서는 훌륭한 복서가 될 수 없다. **실패를 두려워해서는 훌륭한 사업가가 될 수 없다.**

철저하게 계획을 잘 세워도 사업을 하다보면 실패할 때가 있다. 멋있게 사업하다가 실패했다면 상처를 말끔히 치유한 뒤 다시 일어서면 된다.

누군가 말하지 않았던가. '포기하지 않는 한 불가능은 없다'고.

## 053

# 현명한 배우자를 선택하라

훌륭한 배우자는 상대적이다.

나에게 잘 맞는 배우자가 훌륭한 배우자이지, 갖추고 있는 조건이 좋다고 해서 훌륭한 배우자는 아니다. 비록 친구에게는 더없이 훌륭한 배우자라 할지라도 나에게는 형편없는 배우자일 수 있다.

상대방의 조건만 보고서 배우자를 결정하는 것처럼 어리석은 일은 없다. 지불 능력을 고려하지 않고 카드로 값비싼 물건을 사는 것과도 같다. 그런 결혼은 불행의 씨앗을 품고 있기 때문에 행복한 결혼 생활을 지속하기 어렵다.

중매쟁이는 이렇게 말한다. '사람은 환경의 동물이기 때문에 결혼하면 다 맞춰 살게 돼 있다'라고. 듣기에는 그럴듯한 말이지만 실제로 살아보면 전혀 그렇지 않다.

한 해에 십만 쌍이 넘는 부부가 이혼을 한다. 열 쌍 가운데 세 쌍의 이혼 사유가 '성격 차이'이다. 그들의 이혼은 '우린 처음부터 결혼하면 안 되는 사이였어요. 그런데 어떻게든 맞춰가면서 살아보려고 했는데 도저히 안 되겠어요'라는 포기 선언이다.

이혼율이 높아진 이유를 사회학자들은 여성의 지위 향상과 높아진 사회 인식에서 찾는다. 물론 맞는 말이기는 하다. 그러나 정작 중요한 이유는 따로 있다. '나와 결혼할 사람'을 선택하여야 하는데, '결혼하기에 좋은 조건을 갖춘 사람'을 선택하기 때문이다.

인간은 결혼하기 전에 인생의 삼 분의 일을 살고, 결혼하고 나서 삼 분의 이를 산다. 인생에 있어서 중요한 시기를 배우자와 함께 보내게 된다. 나의 꿈을 이루도록 도와줄 사람인가, 방치할 사람인가, 오히려 방해할 사람인가를 판단해서 선택해야 한다.

나름대로 꿈을 이룬 사람, 즉 성공한 사람은 대체적으로 행복한 가정을 이루고 있다. 가족 간의 대화도 많고 접촉도 많다. 영화나 드라마에서처럼 부부나 부모 자식 간의 심각한 갈등을 안고 있는 경우는 거의 없다. 남자든 여자든 간에 이들은 인터뷰 도중에 이 말을 빠뜨리지 않는다.

"그 사람이 없었더라면 제가 이 자리에 서지 못했을 거예요!"

나는 처음에는 단지 배우자에 대한 예의 때문에 하는 말이겠거니 여겼다. 그러나 성공한 많은 사람을 취재하면서 빈말이 아님을 깨달았다. 그들은 서로 위로하고 격려하며 수많은 난관을 헤쳐온 동지인 것이다.

그렇다면 어떻게 배우자를 선택해야 할까?

성공한 사람이 경험을 통해서 말하는 배우자 선택법을 간략하게 요약해보면 대략 다음의 네 가지이다.

### 첫째, 나에게 맞는 사람인가?

기본 성격이나 품성, 인생관은 결혼 전에 이미 결정된다. 맞지도 않는데 억지로 맞춰 살려고 하면 서로가 피곤할 수밖에 없다. 네모를 동

그렇게 만드느라고 아까운 인생을 허비하느니 처음부터 동그라미를 만나서 사는 게 현명하다.

주변 사람들이 놓치면 평생을 후회할 거라고 겁을 주어도, 몇 개월 교제해본 뒤 나하고 맞지 않는다면 과감히 포기하라. 나의 인생을 책임져야 할 사람은 그들이 아니라 바로 나이다.

둘째, 건강한가?

집안에 아픈 사람이 있으면 울적해지고 어깨에 힘이 빠질 수밖에 없다. 집안에 생기가 돌지 않는데 무슨 낙으로 일을 하겠는가?

배우자와 나 사이에서 태어날 아이를 생각해서라도 배우자의 건강은 반드시 고려해야 한다. 아이를 잘못 낳아서 평생 불운한 삶을 살아가는 이들이 적지 않다.

또한, 육체적인 건강 못지않게 따져야 할 것이 정신적인 건강이다. 사소한 일에도 짜증을 내거나 언성을 높이는 사람은 인생관이 매우 비관적이다. 그런 배우자는 상대방마저 병들게 한다.

셋째, 생활력이 강한가?

생활력이 강하다는 것은 단순히 경제 개념이 탁월하다는 것을 의미하지만은 않는다. 생활력이 강하려면 성격이 활달해야 하고, 사교성이 좋아야 하고, 낙천적이어야 하고, 경제에 대한 나름대로의 철학이 있어야 한다. 한쪽에서 죽어라 버는데 한쪽에서 펑펑 쓴다면 원수도 그런 원수가 없을 것이다.

데이트할 때 명품만을 걸치고 다니는 사람은 다시 한 번 생각해볼 필요가 있다. 비록 겉모습은 수수하더라도 생활력이 강한 배우자와 결혼하면 경제적 안정을 쉽게 이룰 수 있다.

### 넷째, 나를 사랑해주는 사람인가?

세상에는 의외로 마음이 차가운 사람이 많다. 이런 사람은 오랜 세월을 함께 살아도 정마저 들지 않는다.

돈이나 권력을 노리고 결혼한 사람 가운데 이런 사람이 많다. 어릴 때부터 따뜻한 사랑을 받아본 적이 없어서 사랑이 뭔지 몰라 그런 경우도 있고, 진짜 사랑하는 사람이 마음속에 따로 있기 때문에 그런 경우도 있다.

살다보면 누군가의 도움이 절실히 필요할 때가 있다. '아, 이럴 때 옆에 한 사람만 있다면 얼마나 좋을까?' 하는 생각이 절로 들 때가 있다. 훌륭한 배우자란 바로 그런 사람이다. 그러나 형편없는 배우자는, '혼자 살 수 있다면 얼마나 좋을까?' 하는 생각을 절로 떠올리게 한다.

지금 이 순간부터, '결혼은 해도 후회하고 안 해도 후회한다'고 하는 선배들의 말을 귀담아듣지 말라. 성공하려면 결혼은 필수이다. 혼자서 죽을힘을 다해 싸워도 두 명이서 힘을 합쳐 달려들면 이겨낼 수가 없다. 결혼함으로써 발생하는 시너지 효과 또한 무시할 수 없다.

## 반드시 결혼은 하라. 단, 후회하지 않을 결혼을 하라!

나를 변화시키는 좋은 습관

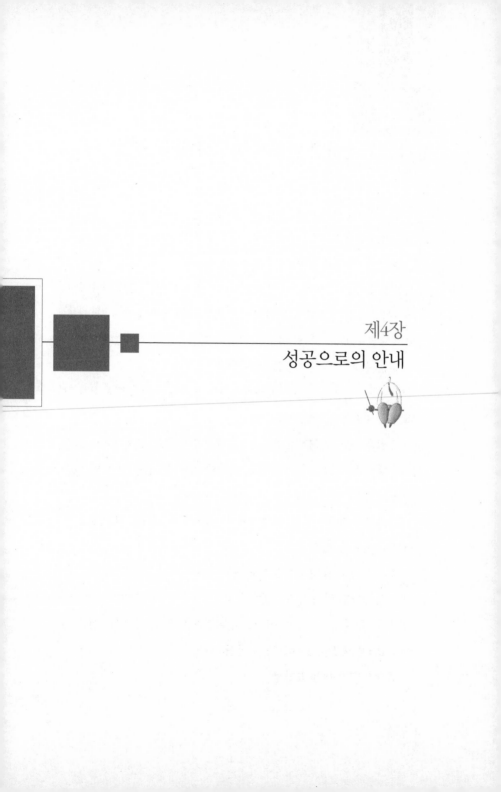

제4장
성공으로의 안내

# 생각을 계속하면 반드시 이루어진다 🥕

A와 B는 고향 친구이다.

십대 후반, 비슷한 시기에 그들은 고향을 떠나왔다. 삼십대 중반이 되어서 그들은 거리에서 우연히 마주쳤다. A는 상가 건물을 세 채 지니고 있었고, B는 트럭을 몰고 다니며 과일장사를 하고 있었다.

"무슨 수로 그 많은 재산을 모은 거야?"

출발은 비슷했는데 너무도 달라진 A의 모습에 충격을 받은 B가 그의 성공 비결을 물었다.

"방법은 간단해! 고향을 떠나는 그 순간부터 줄곧 부자가 되어야겠다고 생각했지. 그러다 어느 날 갑자기 돌아보니까 부자가 되어 있더라고."

"농담하지 말고……. 그렇게 쉽게 부자가 될 수 있다면 이 세상에 부자 아닌 사람이 없게?"

"내 말이 믿기지 않는 모양이구나."

"그런 황당한 말을 누가 믿겠어?"

"좋아! 내 말이 진짜인지 거짓인지 확인해보고 싶으면 일단 십만 원만 생겼으면 좋겠다는 생각을 한 달만 해봐."

"생각만 하면 된단 말이지?"

"그래! 대신 간절해야 해. 잠잘 때도 잊으면 안 돼! 알았지?"

A의 다짐에 B는 건성으로 고개를 끄덕였다. 이내 돌아서면서 잊어버렸는데 며칠 지나자 이상하게도 A의 말이 머릿속을 맴돌았다.

"까짓것! 밑져야 본전인데 한번 해보자!"

B는 그때부터 '십만 원만 생겼으면 좋겠다!'고 속으로 주문을 외우기 시작했다. 잠자리에 누워서도 계속 주문을 외웠다.

그러던 어느 날이었다. 과일 실은 트럭을 몰고 동네를 도는데 어느집 앞에 멀쩡한 책상과 박스가 쌓여 있었다.

"이건 뭐예요?"

B는 버리는 책상이면 가져다 팔면 돈이 되겠다 싶어서 물었다.

"우리 둘째가 결혼해서 애들 집으로 보내려고 내놓은 거예요. 해 떨어지기 전에 용달차에 실어보내야 하는데 오늘 따라 용달차가 한 대도 지나가질 않네요."

"그래요?"

평상시 같았으면 거들떠보지도 않았을 터인데 십만 원에 대한 생각을 간절히 한 때문인지 마음이 흔들렸다.

"아주머니, 제가 대신 실어다드릴까요?"

"그래주시겠어요?"

여자가 반색을 하며 수고비조로 만 원을 주었다. 잠시 동안 과일을 못 팔았지만 시간에 비해 상당히 높은 수익이었다.

재미를 붙인 B는 과일장사를 하며 돈이 될 만한 일을 찾았고, 한 달이 되기 전에 십만 원을 모을 수 있었다.

목표를 달성하고 나자 비로소 '간절히 원하면 부자가 될 수 있다'는

A의 말에 확신을 갖게 되었다.

'내가 간절히 원한다면 과일가게도 차릴 수 있겠지?'

B는 그 뒤로 하나씩 목표를 높여나갔고, 쉰다섯 살에 운송회사 사장이 되었다.


## 간절히 원하면 뜻을 이룰 수 있다.

성공은 생각의 나뭇가지에 매달린 열매에 불과하다. 그러나 생각의 나뭇가지에 열매가 매달리게 하기 위해서는 보통 정성 없이는 불가능하다.

인간은 하루에도 수천 번 생각한다. 그 속에는 '좋은 생각'도 수없이 많다. 그러나 아무리 '좋은 생각'이라도 붙들지 않으면 소용이 없다. 구슬이 서 말이라도 꿰어야 보배다.

**성공하고 싶다면** 막연하게 생각하지 말고, **간절하게 생각하라. 간절한 마음은 구체적인 계획을 낳고 행동을 강요한다.**

생각은 스쳐지나가는 바람 같아서 붙들기가 힘들다. 그러나 한번 붙들어놓으면 무의식중에도 계속 진행된다.

카피라이터는 좋은 카피를 뽑기 위해서 영화도 보고 친구들과 떠들며 술도 마신다. 그러나 의식의 뿌리는 늘 카피에 닿아 있다. 그래서 목욕을 하다가 카피를 발견하기도 하고, 가끔은 꿈속에서 카피를 쓰기도 한다.

생각은 자기 복제를 한다. 하나의 생각이 비슷한 생각을 낳고, 그 생각이 또다른 생각을 낳는다. 그 생각들이 하나의 다리처럼 길게 이어지면 구체적인 행동을 강요한다.

좋은 집을 한 채 갖고 싶은가?

그럼 그 집 앞을 매일 지나다니면서 간절히 원하라. 그 마음이 간절하다면 반드시 그 집을 사게 될 것이다.

성공하고 싶은가?

그럼 성공하고 싶다고 간절히 원하라. 간절함이 절실하면 절실할수록 목표를 향해 진격하는 속도 또한 빨라질 테니.

## 055

# 거래할 때 상대방의 입장도 헤아려라 🌶

거래를 해보면 자신들의 입장만을 고수하는 기업이나 사람이 있다. 기본 방침을 정해놓고 그 선에서 한 발짝도 물러서려고 하지 않는다. 그런 회사나 사람일수록 경직되어 있어서 발전을 기대하기 힘들다.

IMF 때, 자금 사정이 어려워진 중소기업 사장 J씨는 납품업체인 W사를 찾아갔다. 6개월짜리 어음으로는 버틸 수가 없으니 3개월짜리로 끊어달라고 머리를 조아리며 간청했다. 그러나 자금을 충분히 확보하고 있었음에도 불구하고 W사 간부는 회사 방침이라며 일언지하에 거절했다.

세월이 흘러 어느 날 J씨에게 W사의 경쟁사 직원이 찾아왔다. 더 좋은 조건을 제시하며 W사와의 거래를 끊고 자기네와 같이 일해보자고 했다. J씨는 해묵은 감정을 떠올렸고, 즉석에서 수락했다.

부도 위기에 몰려 있던 W사는 하청업체가 일제히 경쟁사 편으로 돌아서는 바람에 제때 물건을 생산해내지 못했다. 결국 W사는 부도가 나고 말았다. 상대의 입장은 무시하고, 거래할 때 자신들의 이익만 챙긴 결과였다.

기업은 하루살이가 아니다. 거래할 때는 현재의 이익 못지않게 미래의 이익도 염두에 두어야 한다. 순간의 이익에 집착하는 기업은 오래 지속될 수가 없다.

성공한 사람은 거래를 할 때도 상대의 입장을 고려한다. 그렇다고 손해 보면서 거래한다는 뜻은 아니다. 아무래도 팔은 안으로 굽는 법! 유리한 쪽으로 거래를 이끌되 상대를 궁지에 몰아넣지는 말아야 한다.

거래는 힘이 있는 쪽에서 주도하게 되어 있다. 그런데 그 힘을 믿고 거래라는 명분 하에 상대방을 난도질하는 경우도 빈번하다. 칼만 안 들었지 강도나 진배없는 사람이 많은 게 현실이다.

현명한 거래를 하려면 상대에 대한 사전 정보를 챙겨야 한다. 어느 정도 조건에서 거래를 해야 이쪽도 만족하고, 상대도 섭섭하지 않은 거래가 될 것인지 사전에 파악해두어야 한다.

이해하기 쉽게 하나의 예를 들어보자.

K는 쌀 도매업을 하는 아버지 밑에서 자랐다. 아버지는 추수가 끝나면 전국을 돌아다니며 쌀을 사들였다. 그러나 아버지의 수매 가격은 어디를 가도 일정치 않았다. 풍년인 지역에서는 싼값에 사들였고, 흉년인 지역에서는 돈을 더 얹어주었다. 어린 K는 아버지의 상술을 도무지 이해할 수 없었다.

"아버지! 풍년 든 지역에서 쌀을 몽땅 사면 이익인데, 왜 나눠서 사세요?"

그러자 아버지는 이렇게 반문했다.

"만약 내년에 흉년 든 지역에 풍년이 들고, 풍년 든 지역에 흉년이 들면 어떡하고?"

"다시 풍년 든 지역을 찾아가서 쌀을 사면 되죠!"

"그럼 너라면 흉년이 들 때는 거들떠보지도 않았던 나에게 쌀을 싼

값에 넘기겠니?"

그제야 K는 머리를 끄덕였다.

세월이 흘러 K는 대학을 졸업하고 영업부 사원으로 취직했다. 아버지의 가르침을 잊지 않은 K는 거래할 때는 항상 상대의 입장을 헤아렸다. 그러나 막상 부딪쳐보니 생각처럼 쉽지 않았다. 거래라는 것은 대부분 제로섬게임(zero-sum game)이었다. 한쪽이 이익을 보면 다른 한쪽이 그만큼 손해를 볼 수밖에 없었다. 동료들은 최대한으로 이익을 챙기려 했지만 K는 상대가 어려울 때는 한 발짝 물러서서 거래했다.

단기간에 높은 실적을 올리지는 못했지만 K는 꾸준한 실적을 올려서 부장까지 무난하게 승진했다. 그런데 예기치 못했던 사고가 터졌고, 누군가가 책임을 져야 할 상황이 되었다. K는 모든 책임을 떠안고 사퇴했다.

집에서 쉬고 있으니 거래처 사장들이 찾아왔다. 물건을 외상으로 대줄 테니 사업을 해보라는 것이었다. K는 작은 사무실을 얻어 사업을 시작했고, 불과 십 년 만에 전에 다니던 회사에 비견할 만큼 회사를 키울 수 있었다.

성공한 사람은 이렇게 말한다.

"소인은 거래를 할 때 눈앞의 이익을 보고, 대인은 먼 훗날을 본다. 비록 거래의 칼자루를 쥐고 있다고 해도 무자비하게 휘두르지 마라. 돈을 잃은 자는 다시 일어설 수 있지만 인심을 잃은 자는 결코 재기할 수 없다."

# 056

# 상처를 치료해주면 은혜를 잊지 않는다

사회란 보이지 않는 검이 난무하는 활극의 장이다. 서로가 미소를 띠고 있지만 가슴에 시퍼런 비수를 감추고 있는 이들이 적지 않다.

사회 생활을 하다보면 아무리 조심해도 상처를 입게 마련이다. 말 한 마디에도 상처를 입고, 의욕적으로 추진했던 일이 갑자기 무산될 때 상처를 입고, 회사에서는 당연히 성사시킬 거라고 믿었던 일을 성 사시키지 못했을 때 깊은 상처를 입는다.

주변을 자세히 보면 상처 입은 사람이 한 명쯤은 있게 마련이다. 주 의력만 있다면 가정 문제든, 돈 문제든, 회사 문제든 간에 상처를 입고 실의에 빠져 있는 사람을 찾아내는 것은 그리 어렵지 않다.

내상은 외상처럼 피를 철철 흘리지 않기 때문에 대부분 알면서도 모 른 체하고 지나간다. 사실 그래도 별반 상관이 없기 때문이다.

실패하는 사람 주변에는 사람을 찾아보기 힘들다. 몇 안 되던 지인 들도 자기 살기 바빠서 발길을 뚝 끊은 것이다. 그러나 성공한 사람 주 변에는 사람이 넘쳐난다. 그 중에도 아주 절친한 사람이 몇 있는데, 서 로가 상처 입었을 때 치료해주었거나 치료받으면서 사귄 사람들이다.

우리는 어려서부터 '은혜를 입으면 그 은공을 알아야 인간이다' 라고 배웠다. 하물며 호랑이, 까치, 뱀, 개미도 은혜를 아는데 만물의 영장인 인간이 은혜를 모르면 짐승보다 못하다고 배웠다.

어릴 적 교육이란 것은 머릿속에 깊숙이 각인된다. 그래서 누군가에게 크고 작은 은혜를 입게 되면 그 일을 오랫동안 잊지 못한다.

마음의 여유가 있다면 상처 입은 사람을 기꺼이 치료해줘라. 당신이 무심코 행한 선행으로 인해 당신이 위급한 상황에 빠졌을 때 목숨을 건질 수도 있다. 세상 모든 사람이 당신을 비난하며 돌을 던질 때, 그가 나타나서 온몸으로 돌을 막아줄 수도 있다.

그러나 한 가지 명심할 점은 **선행을 베풀고 나면 그 즉시 잊어버리라**는 것이다. 기억하고 있다보면, '내가 어떻게 해줬는데 저 인간이 나한테 그럴 수 있어?'라는 마음을 은연중에 먹게 된다. 기대가 크면 실망도 큰 법이다.

화장실 들어갈 때와 나올 때가 다른 게 사람의 마음이다. 상황이 바뀌면 사람의 마음도 바뀔 수 있다. 그래도 그 사람을 탓하지 마라. 당신이 그의 자존심을 건드리지 않고 성심 성의껏 치료해주었다면 언젠가는 그 은혜를 반드시 갚을 것이다.

피 흘리고 괴로워하는 이의 상처를 치료해줘서 인생의 동반자로 만든 경험자들의 조언을 몇 가지만 추려보겠다.

하나, 부하 직원이 큰 실수를 저질렀다면 질책하지 마라.

그는 이미 속으로 수많은 자책과 반성을 했다. 상사의 질책을 이미 예상하고 있다. 물이 넘치는 통 안에 물을 들이부어봤자 아무 소용이 없다. 그럴 때는 차라리 따뜻하게 감싸주고 격려해줘라.

둘, 따돌림당하는 직원을 가까이 하라.

그가 동료든 부하 직원이든 상사든 간에 집단으로 따돌림당하면 가까이 다가가서 벗이 되어라. 소외받는 사람에게 절실하게 필요한 것은 따뜻한 숨결이다. 특출난 장점을 지니고 있는 사람일수록 작은 결함을 지니고 있기 쉽다. 사람들이 따돌리는 건 작은 결함 때문이니 그의 장점을 보도록 노력해라.

셋, 급박한 돈은 융통해줘라.

도박 빚에 쪼들리는 사람이나 낭비벽이 심한 사람은 돌보지 마라. 그는 당신이 융통해준 돈으로 다시 도박을 하거나 쇼핑을 할 것이다. 그러나 병원비나 학비와 같은 꼭 써야 할 돈이라면 융통해줘라.

만약 수중에 돈이 없다면 그가 눈치채지 못하게끔 동료들로부터 십시일반으로 걷어라. 동료들과 같은 액수의 돈을 내더라도 그는 당신의 따뜻한 마음만을 기억할 것이다.

넷, 책임질 수 있는 한도 내에서 빚 보증을 서줘라.

누군가 보증을 서달라고 찾아왔다면 그는 당신과 아주 가까운 사람이다. 당신을 찾아오기까지 아주 힘들었을 것이고, 말을 꺼내기까지 몹시 힘들었을 것이다.

보증을 서주겠다는 말도 하지 말고, 안 서주겠다는 말도 하지 마라. 묵묵히 보증 조건을 살펴라. 보증을 서줌으로 인해서 당신이 책임져야 하는 액수와 한도를 정확히 확인하라. 만약 그가 빚을 못 갚을 경우에 그 돈을 대신 내주겠다는 결심이 섰을 때, 비로소 보증을 서줘라.

# 057

## 안에서 대접받는 사람이 밖에서도 대접받는다

처음, 남자와 여자가 만나게 되면 동갑이거나 나이 차이가 나거나 간에 서로 존댓말을 쓴다. 연애를 하면서부터 서로 말을 트거나 한쪽만 말을 놓게 된다. 그러다가 결혼하고 나면 막말도 서슴지 않는다.

부부 동반 모임에 나가보면 결혼한 지 오래되었음에도 서로 경어를 쓰는 부부들이 더러 있다. 듣기에도 좋고, 서로가 여전히 끔찍하게 아끼며 사랑하는 것 같아 보기에도 좋다.

그와는 반대로 아내나 남편을 종 부리듯 하는 부부도 있다. 말도 막하고, 화가 나면 심한 욕까지 내뱉는다. 둘이서 생활하는 모습의 연장이겠지만 옆에서 보고 있으면 눈살이 절로 찌푸려진다.

모임이 끝나면 사람이 달리 보인다. 부인이 존중해주던 남자는 함부로 대해서는 안 될 것 같고, 부인으로부터 온갖 타박을 받던 남자는 막대해도 괜찮을 것 같은 기분이 든다.

'집 안에서 새는 바가지 밖에 나가도 샌다'라는 옛말이 맞다. 부부사이는 아무리 허물이 없다고 해도 함부로 대해서는 안 된다. 부부라고 해도 갖춰야 할 예절이 있는 법이다.

효자, 효부는 금슬 좋은 부부 밑에서 나온다. 어느 한쪽이 먼저 세상을 떠도 자식은 부모가 서로를 위하는 모습을 보고 자랐으므로 그 빈

자리를 대신 채우려고 노력한다. 부부가 서로를 막 대하면 자식도 부모에게 그래도 되는 줄 알고 막 대하게 된다.

직장 생활에서도 마찬가지다.

신입 사원이 처음 입사하면 상사라 하더라도 대부분 경어를 사용한다. 그러다 술자리에서 '형님', '아우'가 되고 상사가 말을 놓게 된다. 부하 직원이 '아우'이고, 상사가 '형님'이 되다보니 그 뒤로는 거칠 것이 없다. 막말은 예사고 심한 경우에는 따귀를 올려붙이기도 한다.

흔히들 사회를 전쟁터에 비유한다. 일을 신속, 정확하게 처리하기 위해서는 어쩔 수 없다고 말한다. 그러나 아무리 부하 직원이라고 하더라도 하나의 인격체이다. **인격을 존중해줄 때 일의 능률도 오르는 법이다.** 명령에 의해 마지못해 하는 일과 자발적으로 하는 일은 분명한 차이가 있다.

거래처에 두 사람이 나갔는데 상사는 부하 직원에게 사소한 일로 신경질을 내고, 부하 직원은 등뒤에서 상사를 욕한다면 그 회사는 조만간 부도가 날 확률이 높다.

회사가 잘 나갈 때는 불평 불만이 내부에 쌓인다. 터뜨려보았자 손해이기 때문에 참고 만다. 그러다 조직에 균열 조짐이 보이면 쌓였던 불만이 터져나온다. 더이상 참을 이유가 없기 때문이다.

나이 어린 부하 직원일지라도 예의를 갖춰서 대해라. 그럼 거래처 직원도 예의를 갖춰 그 직원을 대할 것이다.

생각해보라. 거래처 직원이 말단 직원에게까지 예의를 갖춰 대한다면, 상사인 당신을 대할 때는 어떻겠는가?

# 058

# 일과 여가를 구분해라

드라마는 시대를 반영한다. 드라마를 보면 그 시대인들의 생활 모습은 물론이고 가치관까지 엿볼 수 있다.

20세기 후반의 드라마에 자주 등장했던 남성상은 '일벌레'였다. 고도 경제 성장을 이끌어왔던 주역임에도 불구하고 드라마에서는 애인을 헌신짝처럼 버리는 야심가나, 아내가 바람을 피우도록 근본적인 원인을 제공한 무책임한 남편으로 그려졌다.

'돈'의 가치가 높아져가는 시기였고, '평생 직장'의 개념이 박혀 있던 시기였다. 따라서 직원들의 회사에 대한 충성도는 그 어느 때보다 높았다. 밤늦은 시간에도 빌딩마다 불이 환히 켜져 있곤 했다.

그러나 요즘 드라마에서는 '일벌레'를 찾을 수 없다. 아내나 애인에게는 일한다고 해놓고는 엉뚱한 장소에서 바람 피우는 남자들뿐이다.

그렇다면 '일벌레'는 모두 어디로 간 걸까? 20세기와 함께 종말을 고한 걸까?

물론 아니다. 그들은 여전히 존재한다. 보이지 않는 곳에서 묵묵히 일을 하고 있다. 단지 사회 분위기가 받쳐주지 않아서 예전같이 드러내놓고 일을 하지 못하는 것뿐이다.

21세기로 넘어오면서 직장인의 화두는 '일'에서 '여가'로 바뀌었다.

사회 전반에 활력을 불어넣기 위해서 소비가 미덕임을 강조하다보니 생긴 현상이다.

직장인이든 자영업자든 일을 하기 위해 여가를 즐기고, 여가를 즐기기 위해서 일을 한다. 떠나기 위해 열심히 일을 하고, 일을 하기 위해 열심히 떠난다.

20세기인이 미래를 위해 살았다면 21세기인은 현재를 위해 산다. 가치관이 변한 것이다.

그러나 문제는 일과 여가를 구분하지 못하는 사람이 늘고 있다는 데 있다. 감원 열풍이 거세게 휘몰아치는 가운데서도 근무 시간 중에 건강을 챙기는 이들이 적지 않다.

부하 직원은 근무 시간에 거래처 간다고 나와서 헬스장에 가고, 상사는 골프 연습장에서 골프채를 휘두른다. 그러다 찜질방에서 조우하는 기가 막힌 사태까지 연출되고 있다.

건강한 미래를 위해서 레저 생활을 한다고 하지만 **현재에 충실하지 못하는 사람에게는 미래가 없다.** 미래는 멀리 있지 않다. 한 발 한 발 걸어가고 있는 지금의 당신 모습을 들여다보라. 그 모습이 바로 미래이다.

한 번의 좌절 끝에 재기에 성공한 S는 이렇게 말했다.

"저는 영업부 직원부터 시작했죠. 입사한 뒤 일 년은 두 달에 한 켤레씩 구두를 바꿀 정도로 열심히 뛰어다녔어요. 그런데 일 년쯤 지나자 꾀가 나기 시작하는 거예요. 조직의 특성을 파악한데다 거래처도 훤하니까 한두 시간쯤 빼는 건 일도 아니더라고요. 그때부터는 틈만 나면 당구장에 가서 다른 회사 영업부 직원들과 어울려 내기 당구를 쳤어요.

그렇게 직장 생활을 오 년쯤 하다가 독립해서 회사를 차렸죠. 처음에는 괜찮았는데 갈수록 밑의 직원을 못 믿겠는 거예요. 이놈이 나처럼 거래처 간다고 나가서 당구장에서 하루종일 죽치다 돌아오는 건 아닌가 싶더라고요.

전직원이 독수리 오형제처럼 하나가 되어서 일을 해도 성공할까 말까 한데, 그렇게 내 직원을 못 믿어가지고 어디 사업이 되겠어요? 결국 깨끗하게 말아먹었죠.

목구멍이 포도청이어서 다시 취직을 했는데 그때는 정말 열심히 일했어요. 내 사업이라고 생각하고 삼 년 동안 일하면서 실패 원인을 철저히 분석했죠. 그러다 다시 사업을 시작했는데 비로소 직원에게 신뢰가 가더라고요. 거래처 갔다가 늦게 돌아오면 얼마나 피곤할까 싶어서 안마까지 손수 해줄 정도였으니까요."

취재 끝에 성공의 비결을 묻자 S가 말했다.

"당당해야 해요. 남의 밑에서 봉급생활을 하든 개인 사업을 하든, 귀한 일이든 천한 일이든 간에 일 앞에서 당당해야 해요. 자신이 하고 있는 일에 긍지를 느끼게 되면 근무 시간에 딴 짓을 할 수가 없어요. 일 앞에 당당하다보면 일을 진심으로 사랑하게 되는 시기가 와요. 그때쯤 되면 성공은 잡지 부록처럼 저절로 따라오죠."

# 059

# 빠른 결단이 성패를 좌우한다

야구에 보면 '타이밍'이 있다. 뛰어난 투수들은 다양한 볼 배합으로 타자의 배팅 타이밍을 빼앗는다.

축구에도 타이밍이 있다. 한국 축구가 문전에서 골 처리 능력이 부족한 것은 번번이 슛을 해야 할 타이밍을 놓치기 때문이다.

사업을 시작하는 데도 타이밍이 있다. 아무리 완벽한 사업계획서를 짜놓았다고 하더라도 타이밍을 놓치면 실패한다. **결단력이 없는 사람은 매번 적절한 타이밍을 놓치고 뒤늦게 후회한다.**

세상은 결단의 연속이다. 수많은 선택의 갈림길에서 인간은 무수한 결단을 내리며 살아간다. 어떤 결단은 생각할 시간이 충분하지만 어떤 결단은 그 즉시 내려야만 한다.

성공한 사람을 가까이서 지켜보면 새로운 사업에 착수할 때는 결단이 빠르다. '이거다!' 싶으면 무서운 속도로 밀어붙인다. 경쟁자가 책상 앞에서 사업 전망과 순수익을 계산하기 위해 전자계산기를 열심히 두드리고 있을 때, 이미 모든 준비를 끝내고 사업을 오픈한다.

그들은 경험이나 직감을 통해서 알고 있다. 다른 사람이 시작하기 전에 한 발 먼저 시작하면 돈을 쇠스랑으로 긁어모을 수 있다는 것을.

사업의 성패는 시간이 좌우한다는 것을.

그러나 성공한 사람이라고 해서 사업이 매번 예상대로 맞아떨어지는 것은 아니다. 잘 될 거라 예상했던 사업이 지지부진하여 전업을 해야겠는데 마땅한 사업이 없으면 진행 속도를 늦춘다. 그제야 전자계산기로 이것저것 계산해본다.

그러나 대다수의 사람은 이와는 반대로 행동한다.

좋은 아이템을 갖고 있어도 시작하기 전에 수없이 전자계산기를 두드리고 수많은 사람에게 자문을 구한다. 이것저것 재는 사이에 아이템이 새어나가거나 비슷한 아이템을 지닌 사람이 등장한다.

누군가 사업을 오픈한 뒤에도 한동안 경과를 지켜본다. 그러다가 확실하게 큰돈을 벌어들이면 그제야 부랴부랴 사업을 시작한다. 그러나 때는 이미 늦었다. 돈 냄새를 맡은 하이에나들이 우르르 몰려들어서 제 살 깎아먹기 식의 경쟁이 벌어진다.

수익은커녕 현상 유지조차도 어려워진다. 때늦은 결단을 후회해보지만 버스 지나간 뒤에 손 흔들기이다. 조금씩 쌓이기 시작하는 손해가 무서워서 사업체를 내놓지만 매물이 많아서 헐값에 처분할 수밖에 없다.

사업을 시작하는 데에도 타이밍이 있지만 사업에서 손을 떼는 데에도 타이밍이 있다. 성공한 사람이 사업체를 정리할 때 속도를 늦추는 것은 매물이 쏟아질 때를 피하기 위함이다. 어차피 손해본 거 고통을 감내하고 한 박자 늦추면 오히려 손해를 줄일 수 있다.

결단은 늘 빠르다고 좋은 건 아니다. 모든 결단이 빠른 사람은 훌륭한 사업가라기보다는 성격이 급한 사람이다. 이런 사람은 제 발로 굴러들어온 복을 걷어차기도 한다.

그러나 늘 결단이 느린 것보다는 낫다. 그런 사람은 생각만 많지 행동하지 않는다. 부자가 되어야겠다는 꿈만 꿀 뿐 부자가 될 수는 없다.

현대 사회는 수평적 사회이고 정보화 사회이다. 초고속 인터넷의 보급과 함께 변화의 속도 또한 점점 빨라지고 있다. 누구도 이러한 현상을 제어할 수는 없다.

지금 아무리 기발한 아이템을 갖고 있다고 하더라도 몇 년, 아니 몇 달만 지나면 시들해져버린다. 한가하게 이것저것 재고 있을 틈이 없다. 지금 당장 시작하라!

## 060
# 위기를 즐겨라

배를 타고 긴 항해를 하면서 맑은 날만 계속되기를 기대한다면, 그는 아직 세상 물정 모르는 애송이이다.

바다는 거울처럼 잔잔해보여도 어딘가에 집채 같은 파도를 감추고 있고, 바람은 솜털처럼 부드러워도 커다란 선박을 단숨에 뒤집어버릴 만한 태풍을 감추고 있게 마련이다.

사업도 마찬가지다. 특별히 신경 쓰지 않아도 순조롭게 진행되던 일도 어느 시기에 이르면 위기에 직면하게 된다.

선장의 역량이 발휘되는 건 파도가 높고 태풍이 휘몰아칠 때이다. 뛰어난 선장은 강한 의지와 냉철한 판단력으로 선원들을 독려해 풍전등화와 같은 절체절명의 위기를 벗어난다.

사업가로서의 재질을 가늠해볼 수 있는 것도 위기 때이다. 뛰어난 사업가는 직원을 안심시키고 위기를 오히려 반전의 기회로 삼는다. 또한 위기 자체를 즐긴다. 위험 부담이 큰 일은 그만큼 사업의 수익성이 높기 때문이다.

사업을 하려면 위기를 두려워해서는 안 된다. 위기는 일의 한 부분이요, 나를 단련시켜주는 좋은 스승이다.

위기에 강한 회사는 조직이 잘 짜여져 있다. 작은 위기야 사업주 혼자의 힘으로 넘길 수 있지만 큰 위기는 전직원이 혼연일체가 되어야만 넘길 수 있다.

그러기 위해서는 평상시에 내성을 키워놓을 필요가 있다. 내부적으로 문제점을 안고 있는 회사는 평상시에는 조용하나 위기가 닥치면 서로 책임을 떠넘기려 하다가 자멸하고 만다.

직원들의 복리 후생에 힘써온 회사는 평상시에는 다소 시끄러워도 위기가 닥치면 전직원이 힘을 모아 위기를 벗어난다. 회사와 직원이 둘이 아닌 하나라는 사실을 인식하고 있기 때문이다.

조직이 탄탄해져야 위기를 즐길 수 있는 여유가 생긴다. 믿을 수 있는 구석이 있어야 배짱도 생기는 법이다.

사업뿐만 아니라 개인의 일도 마찬가지다. 위기 상황을 두려워 마라. 어설프게 피하려 들다가 큰 상처를 입을 수 있다. 어차피 피할 수 없는 위기라면 온몸으로 부딪쳐라.

위기를 즐길 줄 알아야만 성공할 수 있다. 어렵고 힘들 때면 이 사실을 떠올려라. 성공한 사람들은 무수한 위기를 넘겨왔다는 것을.

# 061

# 나이는 먹을수록 강해진다

"이 나이에 제가 도대체 무엇을 할 수 있겠습니까?"

"이제는 인생을 정리해야 할 시기인데 새로운 사업을 벌여도 괜찮겠습니까?"

창업 상담을 하다보면 나이 때문에 자신감을 잃은 사람들을 자주 접하게 된다. 나이 먹은 걸 장점으로 여기는 사람이 있는 반면 단점으로 여기는 사람도 있다.

나름대로 장단점은 있으리라. 하지만 새로운 사업을 시작한다는 측면에서만 본다면 단점보다는 장점이 훨씬 많다.

돈을 주고도 살 수 없는 인생 경험과 넓은 인맥, 풍부한 지식을 갖고 있지 않은가.

육체는 나이 먹을수록 약해지지만 정신은 나이 먹을수록 강해진다. 부분적인 기억력이 떨어지는 것은 뇌가 쇠약해져서가 아니라 살아가는 데 익숙해져서 뇌에 자극을 주지 못하기 때문이다.

세상에 대한 호기심과 흥미를 잃으면 나이를 먹는 법이다. 수없이 봐왔고, 수없이 되풀이해서 행동을 하다보면 기억력이 떨어질 수밖에 없다. 자극이 없으니 무뎌지기 때문이다.

열심히 일을 하는 사람은 나이를 먹지 않는다. 성공한 사람은 치매에 걸리지 않는다. 뇌가 긴장 상태를 풀지 않기 때문이다. 어린아이처럼 호기심 어린 눈으로 세상을 본다면 백 살이 넘어도 치매에 걸리지 않는다.

밤새 일을 하거나 공부를 하면 머리도 아프고 피곤하다. 그러나 눈이 피로하고 근육이 피곤한 것이지 뇌를 많이 사용해서 생기는 증상은 아니다. 뇌는 스물네 시간 활동해도 끄떡없다. 그렇기 때문에 공부도 체력이 있어야 한다는 것이다.

나이를 먹었다는 것은 그만큼 강해졌음을 의미한다. 젊었을 때 성공한 사람은 예체능계가 아니면 거의 없다. '청년 정신'이라는 말은 바꿔 말하면 기반도 약하고 지식도 부족하니 도전 정신이라도 가져야 한다는 뜻이다.

젊었을 때는 성(性) 충동, 혹은 성 에너지를 섹스로 허비하고 만다. 넘치는 활력을 쾌락의 수단으로 사용하고 만다. 마흔이 넘어야 비로소 창조적 에너지로 전환시킬 수 있는 여유가 생긴다.

인생의 연륜을 쌓았다는 것은 강해졌음을 의미한다. 또한 당신이 찾아 헤맸던 성공의 탑 근처에 와 있음을 의미한다.

손자의 병서에 보면 '나를 알고 적을 알면 백전백승이다'라는 말이 나온다. 나이를 먹은 사람은 이미 '나'를 알고 있다. 그러니 싸우기도 한결 유리하지 않겠는가?

# 062

# 정보를 선점할 수 있는 능력을 갖춰라

산업화 사회의 근간은 물질이다. 물질은 한정되어 있기 때문에 한 사람이 많이 차지하면 다른 사람의 몫이 그만큼 줄어들게 되어 있다. 따라서 대량 생산이 불가피했고, 이미 고정된 물질의 형태나 내용을 변형시키기 위해서는 많은 비용이 들어갔다.

정보화 사회의 근간은 정보이다. 정보는 팔거나 누가 가져가도 본래의 크기에는 변함이 없다. 대량 생산도 필요 없다. 하나만 생산하더라도 얼마든지 수요를 충당할 수 있다. 또한, 다른 정보와 합치거나 빼면 손쉽게 새로운 정보를 만들 수 있다.

정보는 누구나 공유할 수 있으나 시간이 지나면 가치가 떨어지게 된다. 선점할수록 정보는 돋보인다. 누가 먼저 알짜배기 정보를 빼내서 효과적으로 사용하느냐에 따라 희비가 엇갈린다.

현대는 고도 산업화 사회에서 정보화 사회로 넘어가는 이행기라 할 수 있다.

정보화 사회는 편리하다. 그러나 아직은 제대로 사용하는 사람이 많지 않다. 초고속 인터넷망을 깔아놓고도 뉴스 속보를 보고, 메일을 주고받고, 인터넷 친목 동호회에 들락거리는 게 전부인 사람이 대부분이다.

반면 똑같은 기계인데도 효과적으로 사용하는 사람이 있다. 인터넷으로 필요한 고급 정보를 구해서 순식간에 번역을 하고, 학원에 가는 대신 인터넷을 통해서 영어 공부를 한다. 외국 출장을 가야 하면, 출장지에서 자신의 휴대폰을 사용할 수 있도록 조치를 취해놓고, 차를 렌트하고 숙박과 음식까지 인터넷을 통해서 예약해놓는다. 또한 공항으로 가는 가장 빠른 길을 검색해서 회사를 나선다. 경제적인 비용을 절감하는 건 물론이고 시간과 체력까지도 아낄 수 있으니 일석삼조이다.

인간의 문명은 편리함을 추구해왔다. 정보화 사회는 대세이다. 지금은 인터넷을 자유자재로 사용하지 못한다고 해서 업무에 큰 지장을 받지는 않는다. 기존의 생활 방식과 미래의 생활 방식이 공존하고 있기 때문이다.

그러나 점점 생활의 틀이 바뀌고 있다. 자동차가 나오면서 역마차나 우마차가 사라졌듯이 모든 사람들이 인터넷을 통해서 일을 하고 일상생활을 한다. 그러기 위해서는 손발을 놀리듯 컴퓨터를 능수 능란하게 다뤄야 한다. 언제가 되든 끝내야만 할 공부이다. 서점에 가서 관련 서적을 사서 지금 당장 시작하라. 서너 권만 읽으면 전문가 못지않게 컴퓨터를 다룰 수 있다.

사이버 공간을 뇌의 일부처럼 사용할 수 있게 되어야 정보를 선점할 수 있는 능력이 생긴다. 개별적으로 놓고 보면 별다른 가치가 없는 정보도 여러 개를 모아서 조합해놓으면 그 가치가 달라진다.

성공하는 사람은 언제나 시대의 흐름에 앞서 간다. 그들은 훨씬 전부터 정보를 선점하여 조합해왔으며, 더 좋은 정보를 선점하기 위해 노력하고 있다. 정보가 곧 돈이요, 기회이기 때문이다.

## 063

# 변화는 새로운 기회이다 ✏️

계절이 바뀌듯 세상도 때가 되면 변한다.

원했든 원치 않았든 간에 살다보면 몇 차례 전환기를 거쳐야 한다. 변화에 대처하는 방법은 사람마다 다르다.

첫째, 완강하게 변화 자체를 거부하는 사람이다.

소수의 사람이 선택하는 극단적인 방법이다. 변화를 거부하면 현재 상태를 유지할 수 있으리라고 예상하나 현실은 그렇지 못하다. 아메리칸 인디언처럼 시간이 지나면 점점 잊힌다.

둘째, 소극적으로 변화를 맞이하는 사람이다.

다수의 사람이 선택하는 방법이다. 대세가 그렇다니 변화를 받아들이기는 하지만 의식이 좇아가지 못한다. 적응하는 데 애를 먹다가 어느 정도 적응이 되면 또다른 변화가 찾아온다. 결국 변화를 좇느라 인생의 대부분을 소비하고 만다.

셋째, 변화가 올 것을 예상하고 있다가 적극적으로 대처하는 사람이다.

소수의 성공하는 사람이 선택하는 방법이다. 이들은 사회 전반에서 앞장서 새로운 변화를 주도해나간다. 조직을 끌어나가는 사람도 이런 사람이다.

인간은 오랜 세월 농경 사회에서 살아왔기 때문에 현실에 안주하려는 본성을 지니고 있다. 본성에 발이 묶여서는 아무것도 할 수 없다.

기회란 변화의 물결 위에 떠다니게 마련이다. 예전에도 그랬고, 지금도 그렇고 미래에도 그럴 것이다.

정주영 씨가 현대라는 대기업을 세울 수 있었던 것도 변화에 적극적으로 대처했기 때문이다. 아무리 이재에 밝다고 하더라도 시골에서 농사지으며 대기업을 세울 수는 없다.

세계에서 가장 뛰어난 투자가 중 한 명으로 손꼽히는 워렌 버펫은 변화 그 자체를 즐겼다. 그가 변화의 물결에 몸을 싣기를 주저했다면 그토록 많은 재산을 축적할 수 없었을 것이다.

실패하는 사람에게 변화는 두려움이다. 그러나 성공하는 사람에게 변화는 곧 기회이다.

성공하는 사람은 앉아서 기회를 기다리지 않는다. 기회가 오지 않으면 스스로 변화를 시도해서 기회를 만들어낸다.

지금 자신의 모습을 한번 돌아보라. 오랫동안 타성에 젖어서 일을 해오지는 않았는가. 마지못해서 일을 하고 있는 건 아닌가. 그렇다면 더 늦기 전에 변화를 시도해야 한다.

훗날, 평생 제대로 된 기회 한번 만나보지 못했다고 불평하지 마라. 기회는 모든 이들에게 공평하게 찾아가지 않는다. 준비된 사람에게만 매번 찾아가서 기쁨을 준다.

# 자신만의 것을 가져라

꽃들은 모두 자기 자신만의 색깔과 향기를 갖고 있다. 과일은 모두 자신만의 맛과 향을 갖고 있다. 성공한 사람들은 모두 각기 다른 자신만의 향기를 지니고 있다.

성공한 사람을 벤치마킹하다보면 자신만의 것을 잃어버리기 쉽다. 나쁜 습관은 버리되 자신의 고유한 것은 발전시켜나가자. 그것은 취미일 수도 있고, 스트레스 해소법일 수도 있고, 꿈일 수도 있다.

향기 없는 꽃에는 벌이 모여들지 않는다. 특색 없는 인간은 매력이 없다. 그런 인간에게는 좋은 사람이 달라붙지 않는다.

세상을 살아가면서 가끔은 자신이 좋아하는 행위를 하면서 사는 게 정신 건강에도 이롭다. 자신이 하고 있는 일과 거리가 멀다고 해서 손을 뗄 필요는 없다. 세월이 흐르면 나름대로 묘한 조화를 이루게 된다.

건설회사 사장 L씨는 색소폰을 부는 게 취미이다. 색소폰을 배운 건 오래 전 직장 생활을 할 때였다. 추진하던 일이 뜻대로 안 되어서 바람이나 쐴 겸 한강에 나갔다가 누군가 부는 색소폰 소리를 듣고 반해 배우기 시작했다.

하지만 가족들 외에는 아무도 L씨가 색소폰을 불 줄 안다는 걸 모른다. 연말 모임이나 장기 자랑 같은 데서 한 번쯤은 불어보았을 법도 한

데 L씨는 시도조차 해본 적이 없다고 한다. 다른 사람 앞에서 자랑을 하게 되면 그 순간부터 색소폰에 대한 매력을 잃어버릴까봐 두렵다며.

L씨는 트렁크에 중절모와 악기를 싣고 다니다가 몹시 힘들고 피곤하면 노을지는 강가에 가서 중절모를 쓰고 색소폰을 분다. 빼어난 솜씨는 아니지만 자연과 자신의 색소폰 소리에 심취하여 피로를 잊는다.

외국계 보험회사의 지사장으로 있는 B씨는 연말에 한 번씩 고아원에 돈을 보낸다. 연봉의 2퍼센트를 아내와 자식들도 모르게 몰래 보낸다. 그는 더 많은 연봉을 받아 더 많은 돈을 보내기 위해서 한 해 동안 열심히 일한다고 한다.

성공한 사람 가운데 자신만의 비밀을 갖고 있는 사람은 의외로 많다. 그들은 '그것'이 있었기 때문에 스트레스를 해소할 수 있었고, 꿈을 향해 전진할 수 있었다고 한다.

광고나 잡지에서 '개성'을 부르짖는 까닭은 현대인이 그만큼 개성이 없다는 반증이기도 하다. 없는 개성을 간절히 그리워하고 있기 때문에 그들의 콤플렉스를 자극하는 것이다.

현대인은 복제 인간들처럼 여러 모로 닮았다. 똑같은 교육을 받으며 똑같은 매스미디어를 통해 보고 배우고 느끼기 때문이다.

보통 사람과 똑같아서는 보통 사람밖에 되지 못한다. 자신만의 것을 가져라! 그것이 취향이든 습관이든 꿈이든 간에 바람직한 방향으로 발전시켜 나가다보면 당신은 좀더 멋진 사람이 되어 있을 것이다.

나를 변화시키는 좋은 습관

제5장

성공을 위한 충고

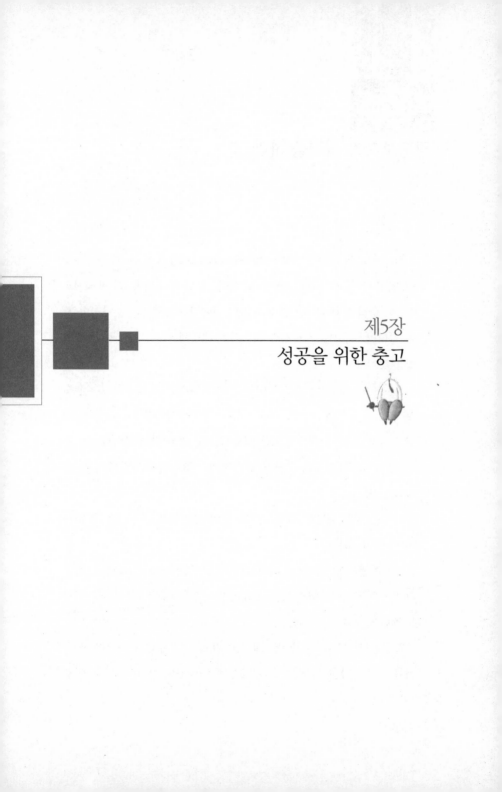

# 065

## 경쟁보다는 협력을 하라

현대 사회의 새로운 조류는 협력(Cooperation)과 경쟁(Competition)의 합성어인 코피티션(Copetition)이다. 삼성과 도시바, LG텔레콤과 KTF의 합작 등과 같은 경쟁업체 간의 전략적 제휴를 일컫는다. '아군'이 아니면 '적'이었던 비정한 비즈니스 세계에 새로운 물결이 흐르고 있는 것이다.

선의의 경쟁은 분발의 자극제가 되므로 발전을 낳는다. 그러나 경쟁이 지나칠 경우 서로가 상처를 입는다. 시장에서 우위를 점하기 위해 과도한 제품개발비, 광고비, 홍보비를 쏟아붓는다. 그러고도 모자라 가격 인하 정책까지 폈다가 돌이킬 수 없는 내상을 입은 기업이 무수히 많다.

기업은 점점 현명해져가고 있다. 살아남기 위해서는 어쩔 수 없는 선택인지도 모른다.

경쟁하면서 협력하는 코피티션 전략은 개인에게도 필요하다. 시대가 요구하고 있다. 회사 내에서 치열한 경쟁을 해왔던 동료라도 이제는 전략적 제휴를 해야 한다.

자신만의 노하우나 정보를 꽉 움켜쥐고 있던 시대는 지났다. 아무 이득이 없는 자존심 싸움으로 에너지를 소비하던 시대도 지났다. 어제까지 멱살 드잡이를 하던 사이라 하더라도 공통된 목표를 향해서라면 과감히 협력해야 한다.

모두들 성큼성큼 앞으로 나아가고 있다. '수익 창출'이라는 목표 아래서는 아군도 적군도 없다.

협력은 시너지 효과를 낳는다. 1+1=2가 아니다. 때로는 3이 되고, 때로는 4가 되고, 때로는 그 이상이 되기도 한다.

성공한 사람은 코피티션이라는 용어가 생성되기 전부터 전략적 제휴를 몸소 실천해왔다. 그들은 한결같이 독불장군은 성공할 수 없다고 입을 모은다. 필요하다면 경쟁자가 아닌 원수와도 손을 잡아야 한다는 것이다.

사람 사이의 나쁜 감정은 대개 작은 오해에서 싹튼다. 원수처럼 지내던 사람들도 만나서 이야기를 나눠보면 의외로 금방 친해진다. 논리적으로 하나씩 따져보라. 경쟁자와 손을 못 잡을 이유가 무엇인가?

경쟁 관계를 단순하게 표현하면 이렇다.

무인도에 떨어진 두 사람이 먹을 것을 찾아 헤매다가 야자열매 세 개를 발견하였다. 그들은 전부 내지는 두 개를 서로 차지하겠다고 싸움을 벌이고 있다. 그러나 잠깐 싸움을 멈추고서 시선을 위로 돌려보라. 수없이 많은 야자열매가 달려 있지 않은가. 두 사람이 협력한다면 손쉽게 세 개 이상의 야자열매를 차지할 수 있다.

냉정하게 돌아보라.

지금 당신은 야자열매 세 개를 놓고 싸우고 있지는 않은지.

# 066

# 실패는 성공하는 법을 가르쳐준다

사업을 몇 년째 하고 있는 사람들은 실패에 대한 두려움이 그리 심하지 않다. 현장 속에서 실패와 살을 맞대고 살아가기 때문이다.

실패에 대해 가장 큰 두려움을 느끼는 사람은 사업을 새로 시작하는 사람들이다. 퇴직금이나 그동안 모은 알토란 같은 돈을 전부 털어넣었는데 실패하면 알거지나 되지 않을까 싶어서 밤새 잠을 이루지 못한다. 그들의 눈빛에는 비장한 기운이 흐른다.

성공에 대한 강한 의지는 대단히 중요하다. 더이상 물러설 곳이 없다는 비장한 마음으로 임해야 한다. 그러나 지나친 긴장감은 오히려 사업에 방해가 된다.

얼마 전, 개업한 지 얼마 안 된 횟집에 간 적이 있었다. 삼십 평 남짓한 작은 횟집이어서 종업원도 많지 않았다. 가게 인테리어는 그런대로 잘 꾸며졌고, 주인과 종업원도 친절했다. 특별히 눈에 띄는 단점은 없는데도 불구하고 손님은 거의 없었다.

친구와 함께 술을 마시다보니 비로소 그 이유를 알 수 있었다. 사업을 잘 해보겠다는 의욕 때문이었겠지만 주인 내외는 지나치게 손님에게 신경을 썼다. 계속 우리 테이블을 주시했고, 무슨 음식을 맛있게 먹나 관찰하였고, 접시가 비기 무섭게 새로운 음식을 날라다주었다.

처음에는 서비스가 괜찮다는 생각이 들었다. 그러나 점차 시간이 지나면서 감시받고 있는 듯한 기분이 들었다. 우리는 이야기 나누기도 조심스러워졌고, 점점 앉은자리가 불편해졌다.

물이 지나치게 맑으면 고기가 살 수 없는 법이다. 지나친 친절은 오히려 손님에게 부담을 준다.

사업을 하려면 대범해야 한다. 실패에 대한 중압감에 짓눌리면 제대로 실력을 발휘할 수 없다.

"길목이 안 좋았어요."

얼마 뒤에 길거리에서 만난 횟집 주인은 가게를 처분했다면서 푸념처럼 말했다.

환경을 탓하는 자는 실패하고, 환경을 극복하는 자는 성공을 움켜쥔다. 가게세가 부담스러워서 목이 좋지 않은 곳에다 가게를 얻었다면 약점을 상쇄할 수 있는 몇 가지 대책을 미리 세웠어야 했다. 오로지 '친절'만으로 승부를 해보려고 했던 전략이 실패로 돌아갔다고 두 손을 들고 만다면 그 얼마나 허망한 승부인가.

사업을 하다보면 실패할 수도 있는 법이다. 실패 원인을 철저히 분석하고 깨달았다면 더이상 실패에 연연해하지 마라.

사람은 제대로 걷기까지 수없이 넘어진다. 네 발로 엉금엉금 기어다니다가 넘어지고 부딪치고 엎어지면서 비로소 두 발로 일어서는 것이다. 그런 과정을 거쳤으면서도 언제 기어다녔냐는 듯 뛰어다니는 게 사람이다.

실패는 아픔을 남긴다. 의욕을 갖고 덤벼든 사업일수록 아픔이 크다. 그러나 아픔은 좋은 약이다. 다른 사람의 실패담이 가슴에 절실하게 와닿지 않는 것은 아픔이 없기 때문이다.

실패 없는 인생이 어디 있겠는가.

우리는 모두 알고 있지 않은가. 에디슨이 전구를 발명하기까지 147번이나 실패했고, 라이트 형제는 비행에 성공하기까지 무려 805번이나 실패했다는 사실을.

정말로 우리가 두려워해야 할 것은 실패가 아니라 실패의 그늘 속에 계속 머무는 일이다.

# 067

# 성공은 함께 나누어라

"사업을 추진할 때보다 사업에 성공하고 나서 좋은 사람을 많이 잃었어요. 물론 또다른 사람들을 사귀기는 했지만 그들은 나의 돈이나 지위를 보고 접근한 것 같아서 깊은 정을 느낄 수가 없어요."

성공하기도 어렵다. 그러나 성공하고 나서의 처신은 더 어렵다. 어느 정도 성공을 거둔 사람 중에는 돈과 명예를 얻은 대신 지인(知人)을 잃기도 한다.

인생이란 짧지만 혼자서 살아가기에는 긴 세월이다. 기쁨과 슬픔을 함께 나눌 인생의 동반자가 없다면 불행한 일이다.

한 사람이 성공하기까지는 음으로 양으로 수많은 사람의 도움을 받을 수밖에 없다. 그들의 고마움을 아는 사람은 훗날 더 큰 성공을 하게 된다. 그러나 모든 걸 자신의 재능과 노력 덕으로 돌리는 사람은 언젠가는 쓰라린 좌절을 맛보게 된다.

어려울 때 동거동락했던 사람을 내팽개치면 밑에 직원이 충성을 바치지 않는다. 언젠가는 자신도 버림받을 거라는 불안감 때문이다.

도움받았던 사람은 일일이 치켜세워줘야 밑에 직원들이 충성을 바친다. 그들의 모습에서 훗날의 자신의 모습을 발견하기 때문이다.

논공행상(論功行賞).

『삼국지』의 '오서 고담전' 편에 보면 논공행상이 나온다. 손권은 위나라 군사를 물리치는 데 공을 세운 장수들에게 차별을 두어서 상을 내렸다. 고담은 큰상을 받았는데 그를 미워하던 장수들이 고담을 모함하였다. 손권은 제대로 알아보지도 않고 고담을 좌천시키고, 고담은 그런 손권을 원망한다는 내용이다.

논공행상이 공정하지 못하면 임금과 신하 간의 신뢰가 떨어진다. 또한 신하들 간의 암투를 싹트게 해 분란을 초래한다.

그래서 논공행상은 예로부터 군주들의 고민이었다. 잡음이 일어나지 않도록 공정하게 상을 주기란 여간 어려운 게 아니다.

도요토미 히데요시가 임진왜란을 일으킨 이유는 복잡하다. 정치, 경제, 사회, 문화 전반에 걸쳐서 어지럽게 얽혀 있다. 그 중에서 경제적 요인으로 꼽히는 것이 바로 논공행상이다.

전국시대 통일을 앞둔 도요토미 히데요시에게는 말못할 고민이 있었다. 공을 세운 가신들에게 토지를 나눠줘야겠는데 토지가 턱없이 부족했다. 논공행상을 어설프게 했다가는 지방 호족들이 힘을 합쳐 반란을 일으킬 것이 빤한 상황이었다. 생각다 못한 히데요시는 대륙을 점령해서 호족들에게 토지를 나눠주겠다는 계획을 세우고, '대륙 진출'이라는 명분 아래 임진왜란을 일으킨 것이다.

논공행상은 역사 속의 일만은 아니다. 현대에 와서도 논공행상에 대한 논란이 끊이질 않고 있다.

대기업이 문어발 식으로 사업을 확장해나간 데는 논공행상도 한몫했다. 초창기부터 열심히 일을 해서 회사를 키운 친인척이나 부하 직원들에게 상을 내려야겠는데 방법이 문제였다. 현찰로 보상한다고 해도 얼마를 줘야 섭섭해하지 않을지 알 수가 없다. 그래서 생각한 것이 다른 분야로의 진출이다.

만약 혼자서 성공의 기쁨을 누렸다고 가정해보자.

불평 불만을 품은 친인척이나 부하 직원들이 독립해나가 같은 업종의 회사를 차릴 것이다. 시장은 한정되어 있으니 매출은 줄 것이고, 결국은 회사를 쪼갠 꼴이 되는 셈이다. 거기다가 소문까지 나쁘게 나서 인재는 더이상 모여들지 않을 터이니, 회사는 조만간 쓰러질 운명에 놓이게 된다.

어느 정도 성공의 궤도에 올랐다고 판단되면 기쁨을 함께 나누어라. 기쁨은 나눌수록 배가 된다.

# 068

## 한 분야의 선구자가 되어라

　과거의 부모는 아이가 공책에다 낙서를 하면 공부는 안 하고 엉뚱한 짓만 한다고 혼을 냈다. 요즘 부모는 아이가 만화가가 되려는구나 싶어서 방치해둔다.

　과거의 부모는 출세를 하려면 공부를 잘해야 한다고 생각했다. 그러나 요즘 부모는 공부가 아니더라도 무엇이든 한 가지만 잘하면 출세할 수 있다고 생각한다.

　요즘 부모는 아이에게 일찍부터 여러 가지를 시켜본다. 피아노, 바이올린, 무용, 태권도, 바둑, 글짓기, 그림, 축구, 농구 기타 등등……. 아이의 재능을 일찍 발굴해 그 방면으로 키워주기 위함이다.

　파티 매니저에다 브랜드 메이커라는 생소한 직업까지 등장하고, 매일 게임만 한다고 가족들 속깨나 썩였을 프로 게이머가 텔레비전 광고에 모델로 등장하는 세상이니, 어른들의 생각이 바뀌는 것도 무리는 아니다.

　그러나 프로가 되어서 밥벌이를 할 수 있을 정도로 실력을 갖추는 일은 쉽지 않다. 오랜 세월 피나는 훈련을 해야 하는데다, 설령 실력을 갖추었다고 해도 제 실력을 인정받지 못하는 경우가 허다하다.

　어느 계통이든 간에 터줏대감은 존재하고 있게 마련이다. 그들은 이미 사회적으로 인정받은 대가이기 때문에 그 세계에 입성하려면 그들의 허가 내지는 인정을 받아야 한다.

예체능의 경우만 보더라도 재능의 높고 낮음을 정확히 측정하기란 불가능하다. 단순히 터줏대감의 취향에 의해 당락이 결정되기도 한다.

이러한 실정을 잘 알고 있는 몇몇 사람들은 터줏대감의 선심을 사기 위해서 뒷구멍으로 돈을 건네준다. 그래서 예체능계에 잡음이 끊이질 않는 것이다.

직업의 세계도 크게 다르지 않다. 이미 괜찮은 직업으로 인정받은 경우에는 오랜 세월 공부를 해야 하며, 대가가 되기 위해서는 어느 정도 운도 따라줘야 한다.

세상에 쉬운 일은 없다. 그러나 머리를 잘 쓰면 보다 쉽게 성공할 수 있다. 무혈입성(無血入城), 싸우지 않고 곧바로 승리자가 될 수 있다. 그것은 바로 한 분야의 선구자가 되는 것이다.

세계적인 아티스트 백남준 씨의 경우가 대표적이다. 만약 백남준 씨가 다른 화가들처럼 캔버스에다 붓으로 그림을 그렸다면 지금처럼 유명해질 수 있었을까?

백남준 씨가 아무리 훌륭한 그림을 그린다고 해도 그것은 불가능하다. 왜냐하면 기존의 대가들과 그림 애호가들이 인정하지 않기 때문이다. 에스파냐 국민은 백남준을 피카소와 나란히 놓는 것을 원치 않을 것이고, 프랑스 국민은 백남준을 달리와 나란히 놓는 것을 원치 않을 것이고, 러시아 국민은 백남준을 칸딘스키와 나란히 놓는 것을 원치 않을 것이다.

그러나 백남준은 1963년 '비디오 아트'라는 독특한 장르를 세상에 처음으로 선보였다. 그로부터 36년 뒤인 1999년, 세계적인 미술 전문지인 미국의 '아트 뉴스'는 지난 1세기 동안 가장 영향력 있는 예술가 25인에 백남준을 피카소, 달리, 칸딘스키 등과 함께 나란히 올렸다. 백남준의 개척자 정신이 빚은 결실이다.

사업도 마찬가지다. 이미 남들이 개척해서 성공을 거둔 사업으로는 돈을 벌어들이기 힘들다. 돈을 벌 수 있는 일이라면 물불 가리지 않는 세상이다. 경쟁이 치열하리라는 것은 불을 보듯 뻔하다.

쉽게 성공하고 싶다면 새로운 분야를 개척하라. 독점 사업을 하면 돈을 버는 건 땅 짚고 헤엄치기이다. 그래서 대기업이 새로운 사업 아이템을 발견했다 하면 체면 불구하고 죽자살자 달려드는 것이다. 새로운 분야를 개척한다고 해서 겁먹을 이유도 없고, 막연하게 생각할 필요도 없다. 콜롬버스나 마젤란처럼 목숨을 건 항해를 하라는 것이 아니다.

이미 나와 있는 사업 아이템을 시대 흐름에 맞게끔 조금 비틀거나 다른 사업과 접목시키면 전혀 새로운 사업이 탄생한다. 작은 아이디어만 있으면 누구나 선구자가 될 수 있다.

만약, 창의력이 부족하다면 주변에서 그런 사람을 찾아라. 자본은 없지만 아이디어가 풍부한 사람은 찾아보면 많을 것이다. 그런 사람과 손잡고 사업을 하면 거북을 타고 바다를 건너는 격이다.

개척 정신이 절실히 요구되는 시대이다.

# 069

# 전문가에게 조언을 구하라

현대는 열린 사회이다.

과거에는 공부나 일을 하다 벽에 부딪치면 누구를 찾아가 자문을 구해야 할지 몰랐다. 설령 그런 사람을 찾았다 해도 비법을 쉽게 전수해주지 않았다.

괜찮은 스승을 찾아내기란 보통 어려운 일이 아니었고, 스승의 마음을 얻기란 더더욱 어려웠다. 그래서 세간에 밥하기 삼 년, 물긷기 삼년, 빨래하기 삼 년을 거치고서야 가까스로 비법을 전수받았다는 이야기가 떠도는 것이다. 정보 공개에 인색했던 세태를 짐작해볼 수 있다.

그러나 요즘은 한 분야의 전문가를 찾아내는 건 일도 아니다. 또한예전처럼 직접 찾아가지 않아도 전화나 메일을 통해 궁금증을 간단히해결할 수 있다.

열린 사회에서 성공하려면 마인드 자체가 열려 있어야 한다. 그래야열린 사회를 적절하게 활용할 수 있다.

그러나 의외로 닫힌 사람이 많다. 나름대로 울타리를 쳐놓고 그곳이마치 전세계인 양 그 안에서 살아간다. 그런 사람의 성격은 세 종류로분류할 수 있다.

첫째, 지나치게 자존심이 강한 경우이다.

전문직종에서 일하면서 남들도 인정할 정도로 재능을 지닌 사람들이다. 이들은 자신이 최고의 전문가라는 자부심을 갖고 있다. 누가 물어보면 가르쳐주지만 모르는 게 있어도 전문가를 찾아가 묻지는 않는다. 외부와의 소통을 단절시킨 채 살아간다.

그러나 이런 사람일수록 전문가와의 교류가 필요하다. 좀더 겸손해져서 울타리에서 걸어나온다면 크게 성공할 수도 있는 케이스이다.

둘째, 지나치게 소심한 경우이다.

개인 사업을 하거나 직장에서 일을 잘 한다고 인정받는 사람 중에 많다. 머리가 남들보다 비상하나 성격이 소심하다. 스스로도 자신의 성격을 체념해버려서 외부 세계와의 접촉을 꺼린다. 좀더 다듬으면 실용화할 수 있는 기발한 아이디어도 접촉이 없기 때문에 쉽게 사장되어버린다.

이런 사람은 계기가 있지 않는 한 스스로의 힘으로 성격을 개조하지 못한다. 재능을 인정해주는 사람이 주변에 있으면 다행이지만 그렇지 못한 경우 불운하게 인생을 마칠 수도 있다.

셋째, 지나치게 낙천적인 경우이다.

재능도 있고, 사교성도 있고, 머리도 좋으나 주어진 환경이 열악한 사람 가운데 많다. 기회를 만들기 위해서는 환경을 바꿔야 하는데 쉽게 안주하려는 성향이 있다.

이런 사람은 전문가를 찾아나서다보면 좋은 기회가 주어진다. 세상에는 사람에 대해 투자를 하고 싶어하는 사람도 많으니까.

열린 세상에는 울타리가 없다. 자신의 손으로 울타리를

걷어내고 밖으로 나오지 않으면 결코 성공할 수 없다. 눈앞을 스쳐지나가는 성공한 사람만 부러운 눈으로 바라봐야 한다.

모르는 게 있거나 궁금한 게 있다면 두려워 말고 전문가를 찾아가서 조언을 구하라. 전문가란 누군가 인정해주었기에 전문가가 된 사람이다. 그는 계속 전문가로 인정받기 위해서 당신 앞에서 솜씨를 유감없이 발휘할 것이다.

그들의 솜씨를 보고, 그들의 이야기에 진지하게 귀를 기울이다보면 어느 한순간, 영감이 떠오르게 된다. 영감을 놓치지 말고 잡아라! 영감이 당신을 성공의 길로 인도할 것이다.

# 070

# 세 치 혀가 아닌 마음으로 사람을 대하라

일본인의 특이한 성격을 거론할 때 '혼네[本音]'와 '다테마에[建前]'를 예로 든다. 그들은 '속마음(혼네)'은 그렇지 않은데 '예의상 겉치레로 하는 말과 행동(다테마에)'이 많다. 개인의 자유보다는 사회와의 조화를 우선시하다보니 생긴 현상이다.

이와 비슷한 한국말로는 '장사꾼같다'가 있다. 말을 번지르르하게 잘 하는 사람을 만나면, 무슨 속셈이 있는 게 아닌가 싶어서 의심부터 하게 된다. 속셈을 알 수 없기 때문에 일단 경계를 하는 것이다.

요즘 사람들은 대체적으로 말을 잘한다. 말을 잘하는 사람이 너무 많아서 도처에서 언쟁이 끊이질 않는다. 그렇다면 그들이 정말 말을 잘하는 것일까?

그렇지는 않다. '성공하는 사람의 화술'에서도 언급했지만 말을 정말로 잘하는 사람은 남의 이야기를 잘 듣는 사람이다. 대화를 통해서 목적한 바를 달성하는 사람이다.

'장사꾼같다'는 인식을 심어준다면 화술이 형편없는 사람이다. 일단 경계심을 갖게 되면 설득하기 어렵다. 조금만 더 이야기하면 먹힐 것 같아서 계속 이야기하지만 소용없는 짓이다. 예의상 듣고 있는 것뿐이다.

전문 사기꾼 중에는 어눌한 말투를 사용하는 사람이 많다. 전혀 사기칠 것 같지 않은 사람이기에 믿었다가 사기를 당하는 것이다.

성공한 사람 가운데 달변가는 그리 많지 않다. 그 대신 남의 이야기를 귀기울여 듣고, 이런저런 질문을 많이 던진다. 질문을 통해서 대화의 질도 높이고, 자신이 원하는 방향으로 화제를 이끌어나간다.

성공한 사람과 대화를 나누다보면 어느 한순간, '이 사람은 참 진실하구나!' 하는 걸 느끼게 된다. 세 치 혀로 대화를 하지 않고 마음으로 대화를 하기 때문이다.

진실한 사람은 미워할 수 없다. 육체나 영혼이 깨끗해지기를 바라는 것은 사람의 본성이다. 때가 덜 묻은 순수한 사람을 만나면 괜히 기분이 좋아진다.

성공한 사람 가운데는 의외로 순수한 사람이 많다. '이런 사람이 어떻게 이 험한 사회에서 성공했을까?' 하는 생각이 절로 든다.

그러나 그들의 성공 비결은 바로 순수하고 진실한 마음 때문이다. 순수하고 진실한 사람은 보호 본능을 자극한다. 그런 사람 앞에서는 권모술수를 부린다는 것 자체가 부끄러워진다.

마음에도 없는 말로 사람을 이용하거나 속이려 들지 마라. 속인 사람은 금세 잊어버려도 속은 사람은 평생 잊지 못한다.

## 071
# 가족을 행복하게 하라

가정은 발 밑을 받쳐주는 지반이다. 가정이 화목한 사람은 언제 어느 장소에 있어도 편안하다. 표정은 부드럽고, 눈빛은 고요하고, 몸짓은 차분하다. 함께 있으면 안정감이 든다.

가정에 문제가 있는 사람은 언제 어느 장소에 있어도 불안하다. 표정은 굳어 있고, 눈빛은 쉴새없이 움직이며, 잠시도 가만히 있지 못하고 수시로 자세를 바꾼다. 상대방이 이야기를 한창 늘어놓고 있는데 성급하게 결말을 묻기도 하고, 술잔을 지나치게 빨리 비우고, 자꾸만 주변을 두리번거린다.

주머니 속의 송곳처럼 가정에 문제가 있는 사람은 감추려고 해도 금세 표가 난다. 당사자는 잊으려 해도 고민은 무의식중에도 계속 진행되기 때문이다.

아귀가 맞지 않는 책상은 오래 사용하다보면 어느 한순간에 부서져 버린다. 가정 불화도 마찬가지다. 처음에 삐걱거릴 때 바로잡아야 한다. 그대로 방치해두다보면 감정이 먼지처럼 쌓여서 돌이킬 수 없는 지경에 이르게 된다.

온갖 고생 끝에 성공의 문턱을 밟은 사람이 가정 불화로 순식간에 미끄러져내리는 걸 보면 참으로 안타깝다.

성공을 위해서 가정을 희생해야 했던 시절이 있었다. 나이가 쉰이 넘은 분들 중에는 자식이 성장할 때 제대로 놀아주지 못했다며 가슴아파하는 사람이 많다. 낮에는 일을 하고 밤에는 거래처 사람을 접대하며 세월을 보냈던 사람들이다.

그러나 요즘에는 접대 문화 자체가 바뀌고 있다. 개인의 사생활을 중시하는 세태이다보니 접대하는 사람은 물론이고 접대받는 사람도 밤늦게까지 술집을 전전하는 것을 원치 않는다.

과거에 비해 가족들과 함께할 수 있는 시간이 늘어났다. 피곤하고 귀찮더라도 **가족과 함께 주말을 보내라.** 행복해하는 가족 구성원의 모습에서 성공의 의미를 찾아라. 정 시간이 없다면 아내와 아이들과 함께 운동을 하라. 당신의 운동 시간 속으로 가족을 끌어들여라. 운동을 하면서 대화를 나눠라. 나의 행복이 아닌, 가족 모두의 행복을 위해서 노력하고 있음을 알려야 한다.

그러나 말만으로는 부족하다. 한 달에 두 번만이라도 가족과 함께 일요일을 보내라. 그날은 아예 대통령이나 외국에서 온 귀빈과 약속한 날이라고 생각하고 비워두어라.

성공이 멋진 소파 같은 거라면 가정은 집과 같다. 집이 허물어져버렸는데 멋진 소파를 들여놓은들 무슨 소용이 있겠는가?

## 072

## 종교를 가져라

뜻있는 사람은 가슴속에 신념을 품고서 살아간다.

그러나 아무리 강한 의지를 지니고 있다 하더라도, 환경의 변화나 내면의 갈등을 겪다보면 흔들린다. 그럴 때 흔들리는 자신을 바로잡아 줄 누군가가 있었으면 하는 마음을 품게 되는 것은 인지상정이다.

훌륭한 스승이나 존경하는 부모가 곁에 있다면 어느 정도는 위안이 될 것이다. 그러나 그들이 평생 옆에서 지켜줄 수는 없는 노릇이다.

세상을 살아가면서 힘들고 고단할 때 지친 몸과 영혼을 달랠 수 있는 안식처가 필요하다. 이때 종교는 좋은 안식처이다.

종교를 가져라! 약한 인간은 강해질 것이며 강한 인간은 더욱더 강해질 것이다.

종교는 신념을 가슴속 깊이 뿌리내리도록 도와준다. 또한 성처입은 영혼을 치료해준다.

혼자 힘으로는 불가능한 일도 종교의 힘을 빌리면 가능하다. 믿음을 지닐 때 인간은 강해진다. '절대적인 능력'을 지닌 분이 내 안에 있다는 믿음만 있다면 이 세상에서 못 해낼 일은 없다.

가능하다면 종교는 온 가족이 함께 가져라. 종교를 갖게 되면 가정이 화목해진다. 신앙은 가정을 순결하게 만들고, 가족 구성원을 행복하게 만든다.

종교 생활은 자식 교육에도 보탬이 된다. 종교를 갖고 있는 아이는 종교를 갖고 있지 않은 아이보다 심성이 곧고 바르다. 또한 사교적이다.

매일 술에 취해서 들어오는 부모 밑에서 자란 아이와 경건한 모습으로 기도하는 부모 밑에서 자란 아이 가운데 훗날 어떤 아이가 성공하겠는가?

부모는 자식이 자신보다 더 훌륭한 사람으로 성장하기를 바란다. 그러나 사람은 환경의 동물이다. 자식은 부모에게 영향을 받을 수밖에 없다.

앞에서도 누누이 언급했지만 성공하기 위해서는 품격이 있어야 한다. 종교는 사람에게 품격을 갖게 해준다.

품격은 겸손한 사람에게서만 풍기는 기분 좋은 향기이다. 아무리 학식이 높다고 해도 오만한 인간에게서는 악취가 풍긴다. 고개를 조아릴 줄 모르는 인간은 높은 자리에 앉으면 욕을 먹는다. 그 앞에서 사람들은 고개를 숙이겠지만 돌아서기 무섭게 욕을 한다.

고개를 조아릴 줄 아는 사람은 높은 자리에 앉아도 욕을 먹지 않는다. 사람들이 그에게 고개만 조아리는 것이 아니라 마음까지 숙이기 때문이다.

종교를 가져라. 종교는 어떠한 위기 상황에서도 당신을 지켜줄 마지막 무기일 테니.

# 부록 001

## 남자의 인생을 망치는 열 가지 방법

하나, 하고 싶은 일은 다 하고 살자.

어차피 백 년도 못 사는 인생, 하고 싶은 일은 다 하고 살자.

퇴근하면 당구장에서 당구를 치거나 기원에 가서 바둑을 두다가, 주 말이면 경마장이나 경륜장에서 신나게 보내자. 그러다 무료해지면 친 구들을 불러내서 필름이 끊기도록 술을 마시자.

둘, 시간에 구애받지 말자.

널린 게 시간이다. 하루살이도 아닌데 시간에 구애받지 말고 살자.

동료들이 특기를 쌓겠다며 학원에 다녀도 흔들리지 말자. 공부할 때 가 되면 나도 하게 될 것이다. 일하고 싶을 때는 일하고, 머릿속이 어 지러울 때는 거래처 간다고 나와서 거리를 싸돌아다니자.

해는 내일도 떠오른다. 바쁠 게 무엇이 있는가?

셋, 쉬운 일부터 처리하자.

업무를 완벽하게 처리하려면 끝도 없다. 쉬운 일부터 쉬엄쉬엄 처리 하자. 그러다보면 누군가 어려운 일을 대신 처리해주든지 시일을 넘겨 더이상 필요 없는 일이 될 것이다.

스트레스를 받으면서까지 힘들게 일을 할 필요는 없다. 상사의 마음에 흡족하게 일을 처리하기란 낙타가 바늘구멍에 들어가기보다 더 어렵다. 어차피 그러지 못할 바에야 편하게 직장 생활을 하자.

넷, 자신의 이익부터 챙기고 보자.

일을 하다보면 회사의 이익과 자신의 이익이 겹칠 때가 있다. 직장 생활이란 봉급을 받기 위함이니 일단 자신의 이익부터 챙기고 보자.

회사에는 별의별 인간이 다 있다. 분명 자신의 이익을 포기하는 인간도 나올 것이다. 전체적으로 본다면 달라진 건 없다. 회사는 지금까지 그렇게 돌아갔고 앞으로도 그렇게 돌아갈 것이다.

다섯, 잘못된 논리는 끝까지 따진다.

회의 시간에 내놓은 기획안을 상사나 동료가 잘못된 논리로 반박할 때가 있다. 지금까지는 꾹 참아왔더라도 더이상 참지 말자.

지렁이도 밟으면 꿈틀거리는 법이다. 사과를 할 때까지 조목조목 예를 들어가면서 따지자. 다시는 그런 얼토당토않는 말로 다른 직원들 앞에서 면박을 주지 못하게끔 확실하게 복수를 하자.

여섯, 통계나 이성보다는 감각으로 승부하라.

현장에서 일하다보면 감각이 온다. 앙케트 조사 같은 건 백날 해봤자 아무 소용도 없다. 인건비만 낭비할 뿐이다. 일을 추진할 때는 과감하게 감각으로 밀어붙이자. 뛰어난 형사들도 감각을 중시하지 않는가?

일곱, 위기는 피하고 본다.

파도가 심하게 칠 때는 피하는 게 상책. 업무상 위기가 닥치면 일단 피하고 보자. 영웅이 되고 싶은 누군가 대신 그 일을 처리할 것이다. 일이 완전히 해결되면 그제야 모습을 드러내 일을 처리해준 관련자에게 아낌없는 칭찬을 퍼부어주자.

여덟, 하고 싶은 말은 그 즉시 하자.

말은 생각날 때 해야지 잊어버리지 않는다. 오랫동안 가슴에 품고 있으면 감정만 나빠진다. 상대방의 감정이야 어떻든 간에 하고 싶은 말은 그 자리에서 해버리자. 하기 곤란한 말일수록 뱉고 나면 시원한 법이다.

아홉, 양복 세 벌로 한 해를 보내자.

양복은 디자인이 비슷비슷해서 자주 갈아입어도 표시가 나지 않는다. 옷값도 만만치 않고 자주 갈아입기도 번거로운데 양복 세 벌로 한 해를 나자. 양복 값을 아껴서 차라리 그 돈으로 결혼기념일에 아내에게 진주 반지나 하나 사주자. 성철 스님도 옷 한 벌로 평생을 지내셨고, 재벌도 엉덩이를 누빈 양복을 입지 않는가? 사람이 일을 하지, 옷이 일을 하는 건 아니다. 무릎 나온 양복을 입고 직장 생활을 하는 게 부끄러운 일은 아니니 자부심을 갖자.

열, 술을 마시면 끝장을 보자.

술도 건강해야 마시는 법이다. 앞으로 취하도록 마실 날이 얼마나 있겠는가. 모처럼 좋은 사람들과 만났으면 끝장을 보자.

성격이 화끈하다는 소리를 들어서 좋고, 의리 있는 남자라는 소리까지 들으니 이 아니 좋은가.

# 부록 002

## 여자의 인생을 망치는 열 가지 방법

하나, 일을 할 때 여성임을 은근히 강조하자.

업무상 어려운 일이 주어질 때는 여성임을 강조하자. 남성 위주의 사회이고 봉급도 남성이 더 많지 않은가. 그러니 어려운 일은 남성이 도맡아서 해야 한다. 스트레스가 쌓이는 일은 최대한 피해가면서 즐겁게 웃으면서 직장 생활을 하자.

둘, 상사가 질책하면 눈물을 흘려라.

눈물은 여성의 무기이다. 업무상 실수를 해서 상사가 꾸지람을 하면 눈물을 흘려라. 인격을 갖춘 상사라면 더이상 질책하지 못할 것이다.

그래도 계속 질책한다면 비 맞은 참새처럼 어깨를 떨어라. 최대한 동정심을 유발하라.

셋, 동성과 함께 일을 하고 함께 어울려라.

아무래도 남성보다는 여성을 대하기가 편한 법이다. 직장도 일종의 놀이터이다. 긴장을 피해가며 직장 생활을 하는 비결은 동성과 함께 일을 하고 함께 어울리는 것이다.

남성이 그 틈바구니로 비집고 들어오려고 시도할 것이다. 받아주지 마라. 남성이 들어오면 그 집단에 균열이 생긴다.


넷, 근무 시간에 쇼핑을 하라.

근무 시간 중에 개인적인 업무를 보지 않는 사람은 하나도 없다. 점심 시간 전후에 쇼핑을 하라. 시간도 절약하고, 지루한 근무 시간도 줄일 수 있으니 얼마나 좋은가.

만약 상사나 동료에게 들키면 넥타이를 하나 선물하라. 마치 그 물건을 사기 위해 백화점에 갔던 것처럼. 그들은 몹시 감동할 것이다.


다섯, 감정대로 행동하라.

여성은 역사상 너무 많은 걸 참으며 살아왔다. 감정에 충실하자. 감정에 충실하면 질병에도 걸리지 않는 법이다.

대꾸하기 귀찮으면 아예 묵비권을 행사하자. 그래도 자꾸만 성가시게 말을 걸어오면 소낙비처럼 분노를 쏟아붓자. 나에게도 한 성질 있다는 걸 보여주자.


여섯, 칭찬에 인색하라.

내가 칭찬하면 상대가 돋보이게 된다. 일을 잘 처리했더라도 가급적 칭찬하지 말자. 칭찬에 인색하면 일을 더 잘하려고 노력할 것이다. 그도 아니면 칭찬받기 위해서 나를 칭찬할 것이다.


일곱, '나는 왜 이럴까?' 하고 자책하라.

반성 없이는 발전이 없다. '나는 왜 이럴까?' 하고 하염없이 자책하

라. 우울한 기분에 젖어 있다보면 주위에서 눈치채고 기분 전환을 시켜주기 위해서 노력할 것이다. 주목받고 술도 한잔 얻어먹고 얼마나 좋은가. 일주일에 한 번씩 '나는 왜 이럴까?' 하고 자책하라.

여덟, 실수를 인정하지 마라.

세상에 실수 없는 사람은 한 명도 없다. 다른 사람이 실수하면 가만히 있던 사람도 내가 실수하면 눈에 쌍심지를 켠다. 그러니 실수했더라도 절대로 인정하지 마라. 목소리를 높여 항의하거나 상대방의 말꼬리를 붙잡고 늘어지다보면 실수는 저절로 파묻히게 된다.

아홉, 질투는 나의 무기이다.

잘된 동료나 후배, 선배를 질투하라. 질투는 세상을 바꾸는 힘이다. 등뒤에서 그들의 비리를 세세히 캐고, 쪼개고, 비방하라. 스트레스도 풀고, 수다도 실컷 떨고, 동료 간의 우애도 쌓고, 얼마나 좋은가.

열, 부탁하면 거절하지 마라.

남자 직원들의 부탁은 관심의 표현이다. 크든 작든 부탁이라면 무엇이든지 들어줘라. 그러다보면 점점 개인적으로 가까워지게 된다. 혹시 아는가? 그들이 멋진 왕자님을 소개시켜줄지.

조금은 귀찮더라도 참고 인내하다보면 언젠가는 결실을 맺을 날이 찾아올 것이다. 언제든지 '좋아!' 하고 대꾸할 수 있도록 마음의 준비를 하라.

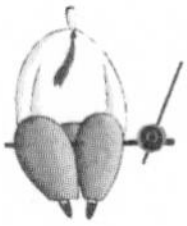

자신의 내세울 만한 장점을 적어보세요.

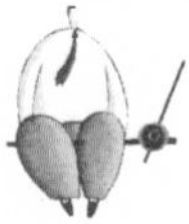

지금 고쳐야 한다고 생각되는 단점을 적어보세요.

# 나를 변화시키는 좋은 습관

지은이 한창욱 펴낸이 박은서 펴낸곳 도서출판 (주) 새론북스
편집 송이령, 김선숙 마케팅 박덕서, 최근봉, 홍의식
총무 유은주, 김용주 관리 박상기
주소 (412-820) 경기도 고양시 덕양구 토당동 836-8 칠성빌딩 301호
전화 (031) 978-8761~2(편집), 978-8767~8(영업) 팩스 (031) 978-8769

■ http://www.jubyunin.co.kr
■ myjubyunin@bcline.com

초판 1쇄 발행일 2004년 1월 10일
초판 6쇄 발행일 2004년 4월 10일

ⓒ 한창욱
ISBN 89-89999-24-3 (03810)